亲子教育，与其『保护』『叱责』，不如『放手』『鼓励』！

作者简介

○ 唐斌

40 年教育行业从业经验（自 3 岁进入幼儿园起，不是被别人教育，就是教育别人）。1997 年师范大学（物理教育）毕业，8 年百年名校（重庆市兼善中学）教书育人经历。2005 年转行国内著名青少年教育服务集团——重庆课堂内外杂志社。现任重庆课堂内外杂志社副总编，重庆市科普作协理事长，重庆市教育评估研究会教师教育发展评估专委会副理事长。

唐堂是我的小名。想知道

我的学名吗？书里找找吧！

家庭教育亲子共读书

想想办法吧！爸爸

唐　斌 ○ 编著

超有趣的任务清单，
让孩子
从普通到优秀

CNS PUBLISHING & MEDIA 中南出版传媒 | 湖南少年儿童出版社 HUNAN JUVENILE & CHILDREN'S PUBLISHING HOUSE

图书在版编目（CIP）数据

超有趣的任务清单，让孩子从普通到优秀 / 唐斌编著．—长沙：湖南少年儿童出版社，2020.9
（想想办法吧！爸爸）
ISBN 978-7-5562-5205-3

Ⅰ．①超… Ⅱ．①唐… Ⅲ．①家庭教育 Ⅳ．①G78

中国版本图书馆 CIP 数据核字（2020）第 092602 号

想想办法吧！爸爸

CHAO YOUQU DE RENWU QINGDAN，RANG HAIZI CONG PUTONG DAO YOUXIU

超有趣的任务清单，让孩子从普通到优秀

质量总监：阳　梅
图书策划：张朝伟
责任编辑：范　丽　向艳艳
封面设计：刘　洋
封面插画：刘　洋
版式设计：张　谭
内文插画：张　谭

出 版 人：胡　坚
出版发行：湖南少年儿童出版社
地　　址：湖南省长沙市晚报大道 89 号　　邮　　编：410016
电　　话：0731-82196340　82196341（销售部）　82196313（总编室）
传　　真：0731-82199308（销售部）　82196330（综合管理部）
常年法律顾问：湖南崇民律师事务所　柳成柱律师
印　　刷：长沙新湘诚印刷有限公司
开　　本：710 mm×1000 mm　1/16
印　　张：12.5
版　　次：2020 年 9 月第 1 版　　印　　次：2020 年 9 月第 1 次印刷
书　　号：ISBN 978-7-5562-5205-3
定　　价：46.00 元

—序—

孩子的成长
是不可逆的单程票

孩子在成长过程中，总会遭遇各种困难和挫折，特别是在学习上。

优秀的孩子都是脚踏实地的理想主义者。目标和梦想如同梯子，让孩子们越过围栏看到比现实更遥远的东西，这也是学习内驱力的根源。激发孩子的内驱力是我们教育的重心和中心，这个道理我们都懂。可如何才能让孩子找到自己学习成长的内驱力？

如果把一个人的未来比喻成一栋建筑，良好的阅读习惯就是这栋建筑的钢筋和骨架。会读书的孩子，不教自慧！可有的孩子就是不爱阅读，怎么办？

小学生对于作文，普遍存在恐惧心理。许多家长都在问：我家的孩子看了几百万字的书了，什么类型都看，什么故事都读，为何还是写不出好作文？阅读与作文之间，似乎存在断层。家长如何帮助孩子找到从“字词输入”到“字词输出”的高效衔接方法？

与语文和英语相比，数学可以说是一种神奇的存在。对绝大多数孩子来说，只要付出足够多的时间和精力去“死磕”——背诵练习，都能在语文和英语上取得不错的成绩。相较之下，数学显得比较“难搞”，仅靠背诵练习，可就南辕北辙了！那么，如何才能助力孩子在数学启蒙上平稳起步？

习惯可以慢慢培养，兴趣可以慢慢熏陶，待人接物可以慢慢浸润……唯独孩子的学习启蒙，没办法慢慢来。**毕竟孩子的成长是不可逆的单程票**，学习的好坏，直接影响孩子的信心和前途，父母不可轻视。

面对这些问题，越来越多的爸爸意识到，自己需要高质量地参与到孩子的成长之中。所以，当听到“丧偶式育儿”的吐槽，爸爸往往很无奈，许多爸爸都在说：“不是不想陪孩子，而是不知道怎么陪。”

同时，新手爸妈好不容易有点空闲时间，既疲累，又紧张，如何在短时间内给孩子以学习指导、情感补给和能量补充呢？

不妨试试用这本小书来解决这些问题。

书中超有趣的亲子学习启蒙任务清单，能让爸妈笑出声——**从此陪娃不吼不急不崩溃，让娃玩出超能力！**

这本小书，是我与课堂内外《课外阅读》编辑部、《创新作文》编辑部和《智慧数学》编辑部携手全国一线名师共同编著的，简洁明了、好玩管用的任务清单式手账书。本书由四个板块构成：

第一章，为孩子量身打造《窗边的小豆豆》《草房子》《鲁滨逊漂流记》《昆虫记》《射雕英雄传》整本书阅读趣味手账，轻轻松松就能培养孩子的深度阅读习惯，让孩子从普通到优秀。

第二章，用超简单的任务清单模式——方言研究、家谱整理、宠物照顾、家族命名……厘清思路、填充细节，助力作文启蒙，孩子只需稍加整理，便能写出让人拍案叫绝的好作文。

第三章，通过超燃的魔术表演，引导孩子透过现象看本质，去探寻魔术背后的奥秘与逻辑，激发探究学习的兴趣，让孩子爱上数学。

第四章，通过扑克游戏，揭示扑克游戏华丽外衣下的秘密与真相，让数学知识变得简单明了、妙趣横生，让孩子轻松掌握数学高阶知识。

这些东西，是孩子在课堂上，学不到的！

这些任务，是孩子在 **12 岁前，家长应该和他一起完成的！**

而且，父母陪孩子的时间是不固定的，有时候长，有时候短。这本小书中的各种摸底测试、任务清单、魔术游戏，也有长有短。假如爸爸只有半小时陪娃，就有半小时可以完成的任务，比如魔术和扑克游戏。若是爸爸可以陪娃一个周末，就有长时间的阶梯任务可以完成，比如整本书阅读和作文任务清单。

这本小书， 既强调方法，又彰显个性；既有很高的启发性，又有很好的兼容性，胜就胜在有很强的可操作性！

如果孩子已经对学习情有独钟，那么这本小书将会给他带来开脑洞般的惊喜；如果孩子对学习兴趣平平，甚至头痛不已，本书或将让他茅塞顿开，慢慢治愈他的学习恐惧症，为他开启一个奇妙的探索之旅。

读完这本小书，你也许会为你上学期间没有机会读这样一本手账书而懊恼不已。那就和孩子一起动手，完成本书一项项的任务清单吧，这必将全面提升孩子的学习力！

当你和孩子用最有温度的方式把他的成长记录下来，爱将不再隐形！这是用再多金钱都买不到的温暖回忆、人生财富。这个过程，也会让孩子慢慢找到学习的原动力。

最后，友情提醒，“想想办法吧！爸爸”系列共两本，两本配合使用，“疗效”更佳哟！

助父母搞定孩子！

助孩子搞定学习！

唐斌

2020.5.18

目录

第一章

整本书阅读趣味手账，让未来和现在相遇

第二章

任务清单，好作文轻松写出来

第三章
“偷心盗贼”，数学大魔术师速成训练营

第四章
思维大法，一副扑克玩转数学

第一章

整本书阅读趣味手账，让未来和现在相遇

阅读树结果子啦

阅读书目，可从《想想办法吧！爸爸——一开始就做对，胜过一辈子的弥补》的《阅读清单——“好阅读”与“坏阅读”（下）》一文中的推荐书目中选择哟！

请你和爸妈一起选择 30~50 本图书，将书名填写到阅读树相应的果实上，每当你读完一本书，便请你把果实涂上颜色吧。

看一看，你什么时候能把两棵阅读树上的果实全都涂上漂亮的颜色！

亲子阅读手账

《窗边的小豆豆》

——请你邀请爸爸或妈妈一同完成吧——

A 走进这本书

认识本书

《窗边的小豆豆》是一部影响 20 世纪的儿童文学杰作，讲述了作者黑柳彻子上小学时一段真实的故事。小豆豆因淘气被原学校退学后，来到了巴学园。巴学园的小林校长用爱与耐心因材施教，学校里发生的每一件小事的背后，都凸显出小林校长的教育深意。在小林校长和其他老师的爱护和引导下，一般人眼里“怪怪”的小豆豆逐渐成了一个大家都能接受的孩子，并奠定了她一生的基础。

认识作者

（1）大众眼中的黑柳彻子

斜杠女士：主持人 / 演员 / 作家 / 联合国儿童基金会亲善大使 / “岩崎画册美术馆”馆长……

她的文学代表作：《窗边的小豆豆》《小时候就在想的事》《丢三落四的小豆豆》《小豆豆频道》《小豆豆动物剧场》《不可思议国的小豆豆》《小豆豆和小豆豆们》《小豆豆的万花筒》《我的朋友们》《阿朝快 100 岁了》

她主持的节目：《红白歌会战》《老人与狗》《魔法地毯》《奈良的早晨》《阿杨 阿宁 阿东》《彻子的房间》

（2）你不知道的黑柳彻子

①洋葱头奶奶

黑柳彻子从美国留学回来后，给自己弄了个洋葱头，这个发型一直陪伴她到现在！然后她创办了《彻子的房间》的前身节目《13 时 show》。在节目中，最有名的就是黑柳彻子从她的头发中掏出糖果、铜锣烧等物品，让嘉宾们惊喜不已。这因此也成为她的招牌发型。后来，许许多多的演艺明星都曾模仿过她的造型。

②神奇的节目《彻子的房间》

1976 年，以黑柳彻子命名的《彻子的房间》，正式在电视上播出。这是一档形式极为简单的节目：演播室被设计成一间客厅，黑柳彻子则是房间的“主人”。

节目每期邀请不同领域的名人作为嘉宾，到她的“房间”做客。该节目每周一到周五播出，时长仅有30分钟。一直以来，日本电视上的主妇，都是卑躬屈膝、唯唯诺诺的形象。彻子却一改这种印象，不管对方是多么大牌的明星，她都以平等的态度与每一位嘉宾对话。

这个节目还有一大特色，那就是不剪辑。黑柳彻子认为，名人访谈节目，贵在原汁原味。只有一刀不剪，才能还原真实，也更能贴近观众。就这样，即使黑柳彻子语速过快，难免有咬字不清的情况发生，可她依然坚持原样播出，反而受到了观众的热评。

2015年5月，该节目迎来了第10000期，还创造了“40年无缺席、无取消”的电视节目的世界纪录。

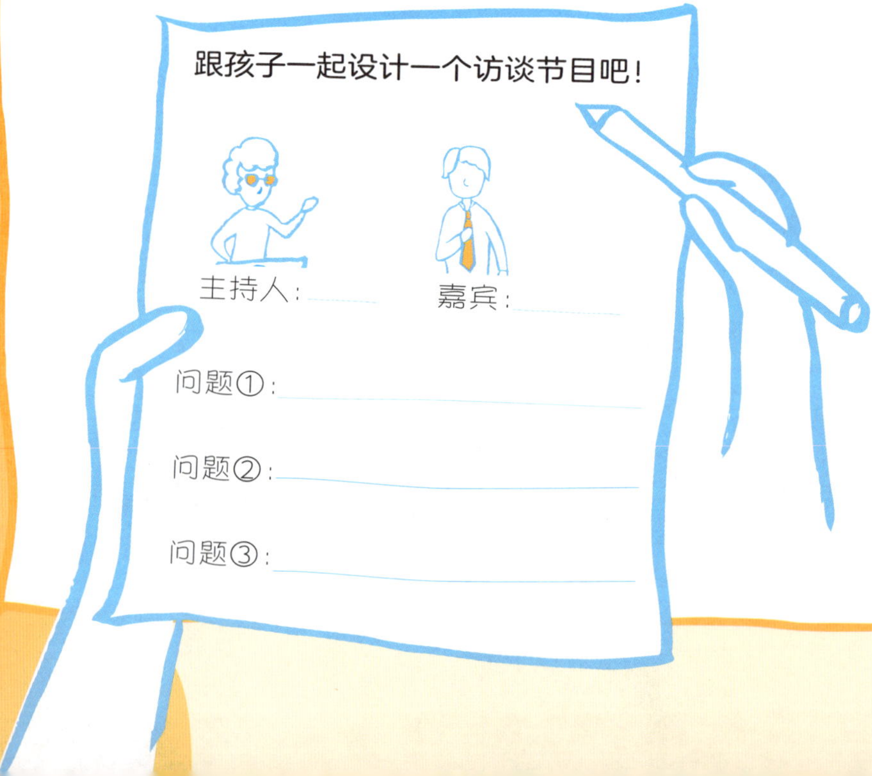

《窗边的小豆豆》人物谱

小档案 彻子（小豆豆）

人物 1

外貌：可爱，衣服时常破破烂烂

外号：豆豆助

性格：活泼好动，天真无邪……

趣事：第一天去巴学园在校长面前说了 4 小时的话

在校长办公室说完话，决定让小豆豆成为这个学校的学生之后，校长先生看了一下怀表说：“啊，已经是午饭时间啦。”这就是说，先生整整听小豆豆说了 4 个小时的话。

小档案 小林校长

人物 2

外貌：头发稀疏，牙齿有的脱落，肩膀和胳膊结实

外号：小林一茶

性格：耐心温和、平易近人

趣事：每当校长先生看到小豆豆，就会说：

“你真是一个好孩子。”

这时候，小豆豆就高兴地笑，蹦蹦跳跳地说：

“是啊，我是一个好孩子。”

人物 3

山本泰明人物小档案——

外貌：________ 外号：________

性格：________ 趣事：________

人物 4

妈妈人物小档案——

外貌：________ 外号：________

性格：________ 趣事：________

人物 5

高桥君人物小档案——

外貌：________ 外号：________

性格：________ 趣事：________

人物匹配

你了解《窗边的小豆豆》里的人物吗？请将特定人物与相关的故事连线吧。

小豆豆	校长的孩子
山本泰明	从大阪来的
妈妈	钱包掉进厕所里了
爸爸	小儿麻痹症
美代	在乐团工作
高桥	原本是篮球运动员

和爸爸妈妈一起说一说，《窗边的小豆豆》里，你最喜欢的人物是谁？为什么喜欢？

最喜欢的人物：____________________

因为____________________

____

____

B 创意阅读

制作出属于你的“山”与“海”的味道

在巴学园中，小林校长要求孩子们从家里带来“海的味道、山的味道”的盒饭。这样，孩子们在准备盒饭的过程中，心思都花在准备这两种味道的食物上了，也就不会去攀比“谁的菜很高级，谁的菜很寒酸”。另一方面，孩子们还从中学到了有关这些食物的知识。

下面这些食物，请将它们归类。

紫菜　　南瓜　　茄子　　裙带菜

猪肉　　牛肉　　海藻　　蕨菜　　海鱼

小林校长认为吃饭时保持心情愉悦最重要，因此不要急匆匆地吃完，一边讨论着各种话题一边吃更好。今天，该你到大家围成的圆圈中讲话了，你需要分享一道妈妈教会你的“海的味道”和“山的味道”相结合的菜肴的做法。

例：

这道菜的名字：紫菜蛋花汤

“山的味道”所选食物：鸡蛋

“海的味道”所选食物：紫菜

配料：葱、盐、香油、香菜

所需工具：锅、大碗、铲子

做法：1.将鸡蛋打入碗中，打散；2.将水烧开，倒入蛋液，待蛋液成形；3.加入紫菜，并搅拌均匀；4.放入香油，葱末适量，香菜适量，搅拌均匀即可。

做菜糗事：敲鸡蛋时用力过猛，鸡蛋液流到砧板上了。

所花时间：30分钟

这道菜的名字：____________________

所花时间：__________

“山的味道”所选食物：____________________

“海的味道”所选食物：____________________

配料：__________　　所需工具：__________

做法：__________　　做菜糗事：__________

设计运动会项目

不同于其他学校运动会只有长跑、跳远等项目，巴学园的运动会极富个性。小林校长会合理运用学校里的道具，设计出将学生的运动能力与其他能力结合起来的特色项目。

项目：找妈妈比赛

道具：木梯子、竹筐、信封、纸

项目简介：比赛开始后，每个学生需钻过横放的木梯子中间的空格，来到竹筐前抽取一个信封，看看里面写的谁，比如抽到的是“朔子的妈妈”，就要跑到观众席找到朔子的妈妈，拉着她一起跑到终点。

项目意义：1. 帮助孩子在陌生人面前开口，增强孩子的沟通能力；2. 增强家长与孩子们的沟通与协作。

下面，请你邀请爸爸妈妈也来设计一个与众不同的运动项目吧！

项目：____________________

道具：____________________

项目简介：________________

项目意义：________________

跟着小豆豆来写俳句

在巴学园，小林校长时常给孩子们讲小林一茶的俳（pái）句。俳句起始于 15 世纪的日本，由五、七、五共十七个音组成，当然，这是以日文（假名）为标准的。俳句还受到“季题”限制：每首诗中都要有一个代表季节的词。可以直接是春、夏、秋、冬的字眼，也可以是代表这个季节的植物、动物、日常生活、自然现象。

比如著名诗人小林一茶的一首诗就很适合巴学园：

冰雪已消融，烂漫儿童嬉戏忙，奔跑小村中。

一茶的诗写得朴实自然，充满童趣，读起来也非常简单。同学们甚至都能背诵出许多诗句来，比如：

瘦瘦的青蛙，切莫认输莫泄气，一茶在这里。

请根据下面这些景物，尝试写一写俳句。

桃花　柳树　枫叶　大雁

菊花　落叶　蝴蝶　燕子

例：枫叶红彤彤，旋转跳舞飘下来，孩子笑红脸。

桃花：________

柳树：________

蝴蝶：________

燕子：________

过一个日本的节日

节日：男孩节

时间：5 月 5 日

别称：鲤鱼日

活动：为了祝福家中的男孩健康、快乐，这一天日本家家户户都会用纸或布做成色彩鲜艳、形状像鲤鱼的彩带，然后把这些彩带串在竹竿上，并和金色的风车绑在一起，挂在屋顶上，以期盼孩子健康成长。因为日本人相信鲤鱼最有精神和活力，希望家中的男孩都像鲤鱼那样，所以这一天又称为“鲤鱼日”。

起源：中国鲤鱼跳龙门的典故

习俗：用布、绸或纸做的空心鲤鱼，悬挂在自家的庭院里，表达父母期望子孙成为勇敢坚强的武士的愿望。

请和孩子一起通过网络以及本书内容完成女孩节的内容。

节日：女孩节　　　　时间：________

活动：________

起源：________

习俗：________

巴学园的散步地图

巴学园的老师会时常带着学生进行散步、野炊等活动。他们会到郊外的油菜花和樱花树之间的小路上自由玩耍，也会到名胜参观。在孩子们看来，这是最好玩的时刻，但其实，散步时他们也不知不觉学会了历史、生物、地理等知识。

请随着小豆豆的足迹，去解锁地图中的相关知识吧！

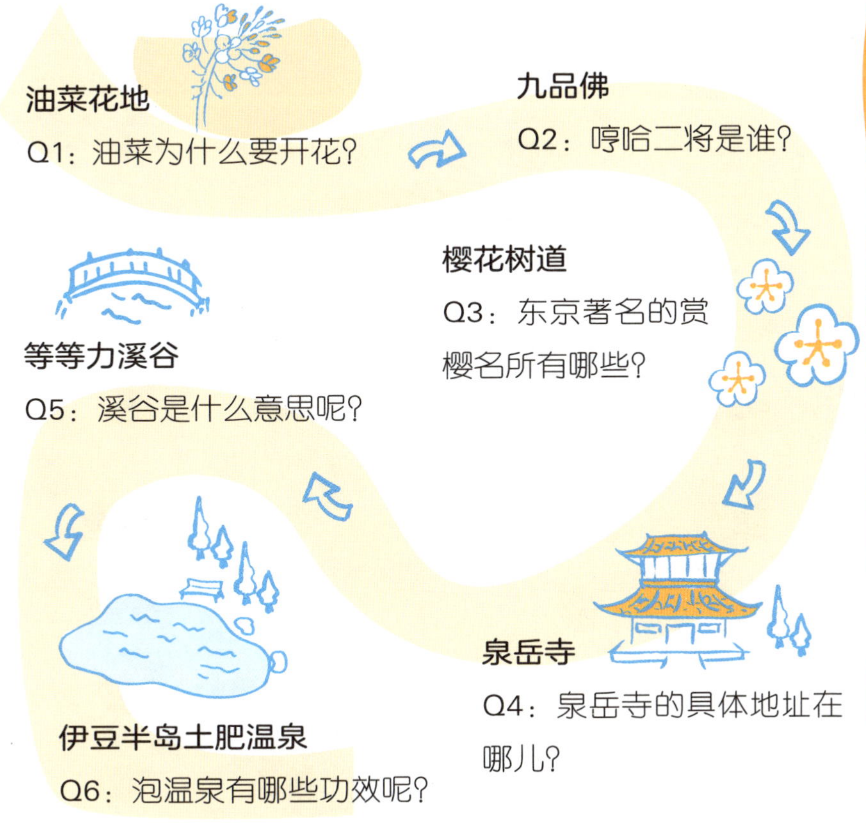

请你给电车教室里的学生排座位

巴学园是一个与众不同的学校，学校的大门是矮矮的树做成的，而教室则是真正的电车。“电车教室”给学生们带来了十足的新鲜感，他们在那里自由、快乐地成长。

在巴学园中，既有活泼机灵的小豆豆，也有泰明、高桥君这样身体有障碍的小朋友，但他们每个人也都有自己的优点。当然，巴学园里的老师也是一群可爱的人。下面，将有几位新同学前来巴学园报到，根据他们的需求，你能将他们安排到最合适的座位吗？

讲台

A	小豆豆	过	小林校长	B
C	巴（美代哥哥）		阿泰	D
E	高桥君		F	宫崎君
泰明	G		H	天寺君
I	美代		“早田”老师	J
K	大荣君	道	朔子	L

例：大翔同学来自内陆地区，他崇拜很会游泳的人，他应该被安排在哪个座位呢？

答案：C 座。美代的哥哥巴是大学里的游泳队员，他曾到巴学园教孩子们游泳。

请将下面的同学安排到合适的座位：

1. 菜菜子是一个腼腆害羞的女孩，她听说有个男孩非常尊重女生，她应该坐哪个座位？

答案：______

理由：______

______

2. 藤原想要在巴学园的运动会上取得好成绩，他应该去哪个座位？

答案：______

理由：______

______

3. 藤原想要跟英语最好的同学学习英语，他应该去哪个座位？

答案：______

理由：______

______

亲子阅读手账

《草房子》

——请你邀请爸爸或妈妈一同完成吧——

A 走进这本书

认识本书

《草房子》写了男孩桑桑刻骨铭心、终生难忘的六年小学生活。六年中，他目睹或直接参与了一连串看似寻常但又催人泪下、感动人心的故事：不幸少年与厄运相拼时的悲怆与优雅，残疾男孩对尊严的执着坚守，垂暮老人在最后一瞬间所闪耀的人格光彩……既清楚又朦胧地展现在少年桑桑的世界里。这六年，是他接受人生启蒙教育的六年。

《草房子》是一个美好的所在，让我们想起浪漫、温馨、遥远而又美好的一切。

认识作者

曹文轩，中国作协全国委员会委员，现为北京大学中文系教授和现当代文学博士生导师。北京作家协会副主席，儿童文学委员会委员，中国作协鲁迅文学院客座教授。代表作有《草房子》《红瓦》《青铜葵花》等；曾获国际安徒生奖（中国作家首次获此殊荣）、宋庆龄儿童文学奖金奖、冰心文学大奖、国家图书奖等多种奖项。

曹文轩有着自己鲜明的创作主张和独特追求。20 世纪 80 年代中期，他提出“儿童文学承担着塑造民族未来性格的天职”的观点，提升了儿童文学作家的使命意识，对 20 世纪 80 年代中期到 20 世纪 90 年代初期儿童文学的精神气度、艺术风格都产生了很大的影响。

曹文轩作品的长句较多，具有诗化散文的节奏感和韵律感。长句造成一种从容、舒展的感觉，使作品显得厚重。他的小说的句子以陈述句为主，偏重于描绘、叙述，语调相对平稳。较多使用省略号，突出作者有意识地追求叙述的含蓄性，更给人一种余音袅袅、不绝如缕的想象余地。

《草房子》人物谱

小说故事发生在油麻地，故事的主角就是在这片油麻地上的一批纯真质朴的少年，他们在这里成长，每一个少年的成长都浓墨重彩。

如果举办一届“油麻地最佳少年”评选，你会选谁？

第一届“油麻地最佳少年”评选

人物 1

参选人物　陆鹤（秃鹤）

性别：男

个人标签：内心冲突、报复心理

成长印记：自我否定后的重新自我肯定

当他重新得到认可、重新回到一度因幼稚的负气而失去的群体之中时，他大概领悟到了什么才是真正的自尊。

拉票陈述：大家好！我是油麻地小学最特殊的人，特殊在于我是个秃头。我有很强的自尊心，只要谁叫我的外号，我就跟谁急。不过我爱憎分明，赶紧投我一票吧！

参选人物 桑桑

人物 2

性别：男

个人标签：淘气、富于幻想、精力旺盛、不谙世事

成长印记：预演了死亡之后大彻大悟

踏破生与死的界限，他突然从司空见惯的事物中认识了生命夺目的美丽。他从肉体到灵魂都经历了一场深刻的蜕变，他不再是那个天真的童年精灵，他向真正的成年迈出了决定性的一大步。

拉票陈述：大家好，我就是油麻地里最淘气的小男孩。我曾经和朱小鼓打过一次泥巴大战，还把碗柜改成一层两户的超级豪华鸽笼，还把蚊帐改成渔网来捕捞小鱼小虾，结果有不少的收获。但我的“功劳”都没有得到赞扬，还被臭骂了一顿。只要有我，就不会无聊，大家投我，投我！

人物 3

参选人物 杜小康

性别：男

个人标签：____________________

成长印记：被生活开了一个残酷的玩笑，在磨难中早熟

从物质与精神双重优越的巅峰一落千丈，但最终艰难地站起，带着不卑不亢的微笑。

拉票陈述：我英俊潇洒，多才多艺，爱干净，成绩优秀，可是命运总是捉弄人，在一场灾难过后，我的家境一落千丈。现在的我最需要你们的支持，记得投我一票。

人物 4

参选人物 细马

性别：男

个人标签：____________________

成长印记：在灾难面前表现出的那份男子汉的担当

他本出生在江南，因为邱二爷没有孩子，他被爸爸送给了邱二爷。由于语言不通，细马在油麻地是孤独的。他没有朋友，邱二妈对他也有偏见。但邱二爷死的时候，他却担负起照顾邱二妈的责任，挑起家庭的重担。

拉票陈述：____________________

人物 5

参选人物 纸月

性别：女

个人标签：身世神秘、书卷气

成长印记：________________

内向、善良、坚强而乖巧女孩。神秘的身世并没有影响老师和同学对她的喜爱。

拉票陈述：大家好，我就是油麻地小学最乖巧的女孩。我的成绩十分优秀，在班上就只有杜小康的成绩和我的不相上下。而且，我的毛笔字是桑校长和蒋老师都认可的，不仅如此，我的作文写得也是充满了童趣。请大家为我投票吧！

奖项揭晓

你觉得“第一届油麻地最佳少年”得主应该是谁？

你的答案：________________

说说你的评选理由：________________

B 妙语连珠

漂亮的拟人句

白鸽在天上盘旋着。当时正有着秋天最好的时光，鸽群从天空滑过时，天空中闪着迷人的白光。这些小家伙，居然在看见陌生人之后，产生了表演的欲望，在空中潇洒而优美地展翅、滑翔或做集体性的俯冲、拔高与穿梭。

关于花的知识积累

正月梅花香又香，二月兰花盆里装。三月桃花红十里，四月蔷薇靠短墙。五月石榴红似火，六月荷花满池塘。七月栀子头上戴，八月桂花满树黄。九月菊花初开放，十月芙蓉正上妆。十一月水仙供上案，十二月蜡梅雪里香。

极具带入感的环境描写

正在冬季里，石板小道两边，无论是枫树、白杨还是银杏，都赤条条的。风并不大，但林子还是呼呼呼地响着，渲染着冬季的萧条。几只寒鸦立在晃动的枝头，歪脸看着天空那轮冬季特有的太阳。

通过艾讲人的品性

艾虽然长不很高，但秆都长得像毛笔的笔杆一样。不知是因为人工的原因，还是艾的习性，艾与艾之间，总是适当地保持着距离，既不过于稠密，也不过于疏远。

精彩的比喻句

此时，炭正烧得很旺，从药罐下的空隙看去，可以看到一粒粒炭球，像一枚枚蛋黄一样鲜艳，炉壁似乎被烧得快要熔化成金黄色的流动的泥糊了。

简洁而美丽的景物描写

微风翻卷着荷叶，又把清香吹得四处飘散。几枝尚未绽开的荷花立在月色下，像几支硕大的毛笔，黑黑地竖着。

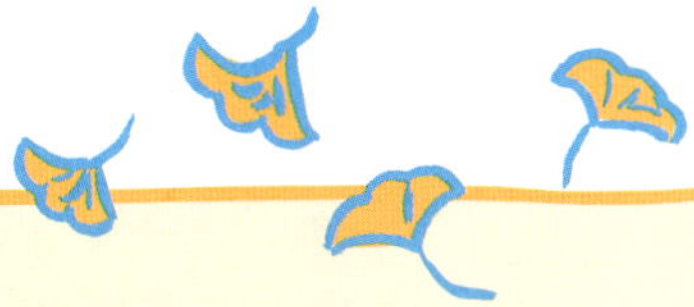

C 精彩片段

以对话塑造人物性格

每个人性格都不同，使用个性化的语言是塑造人物最直接的方法之一。符合人物性格的对话，会让读者在第一时间知道这个人物是什么性格。不过，也要使用得当，才能一步一步将人物复杂的个性诠释出来。

桑桑心里其实是害怕的。他不是板仓的人，他面对着的又是三个看上去都要比他大比他壮实的男孩。但桑桑很愿意当着纸月的面，好好地与人打一架。他在心里战栗地叫喊着："你们来吧！你们来吧！"两条细腿却如寒风中的枝条，瑟瑟发抖。他甚至想先放下手中的砖头，到大树背后撒泡尿，因为他感觉到他的裤子已经有点潮湿了。

"桑桑……"纸月终于叫道。

桑桑没有回头，一手抓着一块半截砖头，站在那儿，等着刘一水他们过来。

刘一水先跑过来了，望着桑桑问："你是谁？"

"我是桑桑！"

"桑桑是什么东西？"刘一水说完，扭过头来朝周德发和吴天衡笑着。

桑桑把两块砖头抓得紧紧的，然后说："你们再往前走一步，我就砸了！"

刘一水说：“你砸不准。”

桑桑说：“我砸得准。”他吹起牛来：“我想砸你的左眼，就决不会砸到你的右眼上去。”但他随即觉得现在吹这个牛很可笑，就把腿叉开，摆出一副严阵以待的架势。

刘一水们互相搂着肩，根本就不把桑桑放在眼里，摆成一条线，大摇大摆地走过来了。

桑桑举起了砖头，并侧过身子，做出随时投掷的样子。刘一水们不知是因为害怕桑桑真的会用砖头砸中他们，还是因为被桑桑的那副凶样吓唬住了，便暂时停了下来。

而这时，桑桑反而慢慢地往后退去。他在心里盘算着：当纸月登上渡船的一刹那间，他将砖头猛烈地投掷出去，然后也立即跳上渡船，将这一头的绳子解掉，赶紧将渡船拉向对岸。

纸月似乎明白了桑桑的意图，就往大堤下跑，直奔渡船。

桑桑就这么抓着砖头，一边瞪着刘一水们，一边往后退着。刘一水们还真的不敢轻举妄动，只是在一定的距离内，一步一步地逼过来。

桑桑掉头看了一眼。当他看到纸月马上就要跑到水边时，他突然朝前冲去，吓得刘一水们掉头往后逃窜。

关于拟人句

《草房子》中有许多朴实而又巧妙的拟人句。它们可能并不华丽，但十分巧妙，十分通俗易懂。拟人，可以让本没有生命的东西变得有生命，变得灵动起来。同学们写作时不仅要展开联想，还需要将真实的生活细节联系起来，这样才能写出恰当的、舒服的拟人句。

油麻地小学四周环水，很独立的样子。

秦大奶奶的那幢小草房，在西北角上龟缩着，仿佛是被挤到这儿的，并且仿佛还正在被挤着，再坚持不住，就会被挤到河里。这幢小草房，是油麻地小学最矮小的草房，样子很寒碜。它简直是个赘瘤，是个污点，破坏了油麻地小学的和谐与那番好格调。

学校与地方联合，想将秦大奶奶逐出这片土地，花费了十多年的工夫，然而终于没有成功。

关于环境描写

环境描写是指对人物所处的具体的社会环境和自然环境的描写。环境描写不是可有可无的，而要服务于主题和人物刻画的。同时，一些环境细节描写还可为文章增光添彩。可是，很多同学在写作时，很容易千篇一律，比如天气好时，就是“风和日丽，天高气爽，小树对我招手，小鸟为我唱歌”……这样的作文，怎么能体现出自己的特色呢？

眼下的夏天，是地地道道的夏天。太阳才一露脸，天地间便弥漫开无形的热气。而当太阳如金色的轮子，轰隆隆滚动过来，直滚到人的头顶上时，天地间就仿佛变得火光闪闪了。河边的芦苇叶晒成了卷，一切植物都无法抵抗这种热浪的袭击，而昏昏欲睡地低下了头。大路上，偶尔有人走过，都是匆匆的样子，仿佛在这种阳光下一旦待久了，就会被烧着似的。会游泳与不会游泳的孩子，都被这难忍的炎热逼进了河里。因此，河上到处是喧闹声。

D 创意手账

油麻地小学里有不爱读书但很有主见的细马，有聪明文静的“学霸”纸月，有“全能王”蒋老师，有极看重荣誉的桑校长，还有不识愁滋味的相互打闹，挖空心思想引起对方注意的朦胧情感……现在给你一个机会，假定你是一个导演，即将拍摄一部关于小学校园的影片，请依据《草房子》的故事，创作一个你的剧本吧。

《草房子》

主人公姓名：________

TA 的性格标签：（比如幼稚调皮、内向害羞、胆小鬼、固执、抠门、严谨自律……）

主人公做过的哪件事最能体现这一性格呢？

____

你的影片名：________

小提示，如果这个主人公就是你自己呢？

给你剧中的主角起个名字吧：________

Ta 的肤色：

A. 白皙红润　　B. 小麦色　　C. 古铜色

D. 黝黑　　E. 其他：________

Ta 的性格标签：

A. 爱出风头的“戏精”　B. 严格要求自己的校园模范生

C. 有多动症的破坏纪律分子　D. 爱书如命的学霸

E. 腼腆内向很少说话的“隐形人”　F. 其他：____

书里的校园坐落在如童话一般的油麻地，它有何特别之处？

油麻地小学有十几幢________

______，房屋是用________

盖成的，这样的房屋（特别之处）

____

________________。

散落在（校园周边的环境）

____

________________。

主人公就读的学校在哪里？

A. 碧波荡漾的水乡

B. 竹林深处

C. 繁华都市

D. 一览众山小的山顶

E. 人类自造星球

F. 海底世界

G. 其他：__________

《草房子》

他的同学是什么样子的？比如，先来猜猜他是谁，然后再选择两位人物介绍一下吧。

①他挺着瘦巴巴的胸脯，有节奏地迈着长腿，直朝人群走来。现在最吸引人的就是那顶帽子：雪白的一顶帽子，这样的白，在夏天就显得很稀罕、格外显眼；很精致的帽子，有优雅的帽舌，有细密而均匀的网眼。它就这样戴在他的头上，使得他陡增了几分俊气与光彩。

他是＿＿＿＿

②＿＿＿＿＿＿＿＿

③＿＿＿＿＿＿＿＿

你的影片名：＿＿＿＿

主人公遇到了怎样的同学？请选择一位重点介绍一下吧。小提示：谁说同学一定是人类？

TA 的姓名：＿＿＿＿

TA 最能让别人记住的外貌特征：＿＿＿＿

TA 的性格特点：＿＿＿＿

TA 有没有口头禅或者小癖好？

＿＿＿＿＿＿＿＿

（还有什么？欢迎补充）

＿＿＿＿＿＿＿＿

他和同学之间，发生了什么样的故事？（请补充前两位人物的故事，并任选一位概述一下。）

①桑桑与秃鹤

一开始，桑桑（　　）秃鹤，后来，秃鹤让油麻地小学受到了“耻辱”，桑桑（　　）秃鹤。最后，秃鹤用（　　）方式赢得了大家的（　　），包括桑桑。

②桑桑与纸月

桑桑（　　）纸月。为了保护纸月而跟欺负她的人（　　），同学们因为他们两个要好，取笑桑桑，桑桑感到（　　）。后来，纸月（　　）。

③桑桑与（　　）

TA 和同学之间，发生了什么样的故事？（闹笑话、争吵、探险、合作……）简单构思一下吧。

《草房子》

油麻地小学里的几位老师，和你的老师在某些方面有没有相似之处？

□ 有　　他们的相似点：

____

____

□ 没有

你的老师的特点：

____

____

你的影片名：__________

主人公遇到了怎样的老师？请选择一位重点介绍一下吧。

老师的姓名：______________

老师最能让别人记住的外貌特征：________

____

老师的性格特点：______________

____

老师的口头禅：______________

____

（还有什么？欢迎补充）

看了本书的结局后，你的心情可以用下面哪一个表情概括？

皆大欢喜　淡淡忧伤　毫无感觉

都不是？请你画出来。

校园故事已近尾声，你准备给主人公一个什么样的结局？

厘清复杂的人物关系很重要

角色关系图

主角 2

人物性格设定：

配角 1

人物性格设定：

彼此之间关系：

（比如死党）

主角 1

性格特点：

彼此之间关系：

彼此之间关系：

彼此之间关系：

配角 2

人物性格设定：

配角 3

人物性格设定：

故事写作实战开始

怎么样，经过一番思考创作，你是不是已经跃跃欲试，准备开拍了？下面就把存在脑海里的剧本故事完整地叙述出来吧，看看粉丝们会不会喜欢。要求：600 字左右。

题目：

亲子阅读手账

《鲁滨逊漂流记》

——请你邀请爸爸或妈妈一同完成吧——

A 走进这本书

认识本书

这是一部由英国作家丹尼尔·笛福创作的冒险类自传体小说，由真实事件（1704 年 9 月，一名叫亚历山大·塞尔柯克的苏格兰水手与船长发生争吵，被船长遗弃在大西洋中，在荒岛上生活 4 年 4 个月后，被伍兹·罗杰斯船长所救）作为故事素材加工而成，时代背景为英国资本主义的大规模发展阶段。故事的主人公鲁滨逊·克鲁索出生在一个生活滋润的中产阶级家庭，但他一生放荡不羁爱自由，青年时代不顾父亲的劝阻走上了梦想的航海之路。

鲁滨逊的前三次航海虽有坎坷但结局尚可，不幸发生在第四次航海，他在前往非洲途中遇到意外，只身一人漂流到无人荒岛，开始与世隔绝的生活。鲁滨逊凭借沉船上的物品和个人的智慧与勇气，在荒岛上顽强地生存下来，还救下了一个野人与他相伴，他后来为野人取名“星期五”。就这样，直到鲁滨逊在这荒岛上的第 28 个年头，一艘英国船来到荒岛附近他才得以重返英国。

小说发表后广受好评，被译成多种文字流传于世界各地，并多次改编为游戏和影视作品，一度引领了探险与荒野求生的热潮。

鲁滨逊这个名字，也成了渴望自由的人心中的远方。

认识作者

（1）大众眼中的丹尼尔·笛福

丹尼尔·笛福，18 世纪英国著名作家，英国启蒙时期现实主义小说的奠基人，被誉为“欧洲小说之父”“英国现实主义小说之父”“英国报纸之父”等。他的代表作有《鲁滨逊漂流记》《辛格顿船长》《杰克上校》等。

笛福没有接受过高等教育，但通晓七国语言，去过很多国家，多次发财致富而又潦倒赤贫，拥有传奇的一生。

（2）你不知道的丹尼尔·笛福

①作家只是副业

笛福生于英国伦敦的一个油烛商家庭，年轻时他是个成功的商人。在从事商业的同时，他还从事政治活动，代表当时日益上升的资产阶级出版了大量的政治性小册子，并因此被捕。笛福直到晚年才开始创作小说，写《鲁滨逊漂流记》时，他已经59岁了。

②“假贵族”

笛福原名叫丹尼尔·福，本姓福（Foe），后来他在自己的姓氏前面加了一个听起来像贵族的“de”的前缀，成了“Defoe”，改名为丹尼尔·笛福。他花钱买了一个盾形纹章，虚造了一份家谱，以此来表明他出身贵族。笛福的父亲并不认为自己有任何贵族血统，他还是以“英国中产阶级的传统方式”来教育笛福和笛福的兄弟姐妹们。同时，笛福的父亲并不信奉英国国教，这也间接影响了少年笛福。

③墓志铭

英国人喜欢提前给自己写墓志铭，而且要俏皮、简短。笛福希望在他的墓碑上刻“丹尼尔·笛福”。但后来，人们在他的墓碑上刻上了“丹尼尔·笛福:《鲁滨逊漂流记》的作者”。

《鲁滨逊漂流记》人物谱

（1）作为一部自传体小说，鲁滨逊是小说中的绝对主角，他集万千优点于一身，是一个理想英雄的化身。接下来，就让我们通过具体的故事情节，来找一找鲁滨逊身上值得学习的闪光点吧！

闪光点 1

冒险精神

理由：停留在舒适区，对鲁滨逊来说简直太难了。过着平静舒适的生活时，他内心总有个声音在说“去远方看看吧”，于是他甘愿放弃舒适生活和初见起色的产业，朝更远处探索。或许鲁滨逊航海的目的并不纯粹，他不仅是体验航海本身，也在追求更多财富，但他经历过生死还甘之如饴地前进，这种勇于进取的冒险精神是值得我们学习的。

乐观态度

闪光点 2

理由：当鲁滨逊孤身一人漂流到荒岛时，他没有让绝望摧毁他的意志，反而以一种乐观的态度直面不幸。他将“祸与害”“福与利”公允地排列出来——“虽然在荒岛上脱困已没有希望，但幸运的是船上所有伙伴只有我活了下来”“虽然小岛与世隔绝，但我还有船上留下的粮食吃”“虽然我无法抵御猛兽攻击，但这里没有凶猛野兽”……

意志力顽强

闪光点 3

理由：鲁滨逊在荒岛上克服了许多常人无法想象的困难。没房子就自己建，没食物就自己打猎、播种、驯山羊、晒野葡萄干，自己找药草给自己治病，甚至还自己尝试做桌椅、陶器，用围巾筛面做面包……在岛上独自生活的这些年，他过得很好，不仅拥有了自己的“领地”，甚至还救下了一名野人。他们在岛上生存了 28 年。

知恩图报

闪光点 4

理由：

闪光点 5

理由：

（2）接下来，请根据上面总结的鲁滨逊的闪光点，拿起你手中的画笔，画出你心中的鲁滨逊吧！

B 创意阅读

《鲁滨逊漂流记》中鲁滨逊完整行迹路线

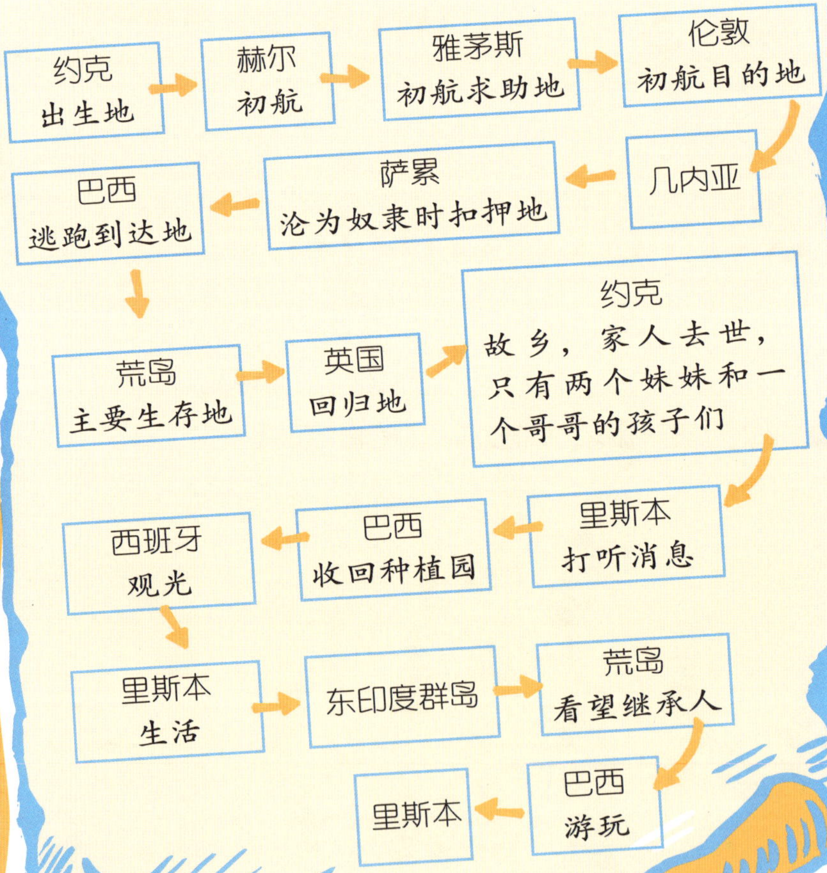

世界那么大，你想去看看吗？

一起跟随鲁滨逊航海的路线，来看看这个神奇的世界吧！

航海路线

鲁滨逊一共进行了四次航海。

第一次航海

初次航行，出海即翻船，而后由陆路回到伦敦。

第二次航海

到非洲经商，路线是从伦敦至非洲几内亚沿海，可能经停里斯本（葡萄牙）。

第三次航海

虽然被土耳其海盗俘虏，但最终平安抵达南美洲巴西，可能经停拉巴特（摩洛哥）。

第四次航海

（请你来介绍一下鲁滨逊的第四次航海过程。）

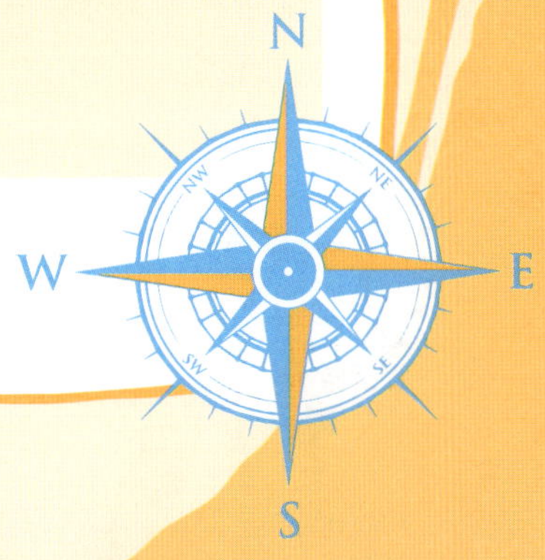

跟着鲁滨逊学地理

第一次航海

①英国是由大不列颠岛上的英格兰、威尔士、苏格兰和爱尔兰岛东北部的北爱尔兰以及一系列附属岛屿共同组成的西欧岛国，全名是大不列颠及北爱尔兰联合王国，主体是英格兰，所以习惯称英国。鲁滨逊的家乡约克就属于英格兰。

②英国被北海、英吉利海峡、凯尔特海、爱尔兰海和大西洋包围。

③英国人大多是高加索人种，俗称白种人。因纬度较高，他们大多肤色白、身高较高、眼睛大、眼睛颜色浅、嘴唇薄、毛发旺盛。由此可以想象鲁滨逊的模样。

④英国在太平洋地区有一块海外领地，叫作皮特凯恩群岛。小岛上居民的祖先都是英国“邦蒂”号上的叛变船员。

第二次航海

①几内亚是欧洲十七、十八世纪对非洲西部的统称。现在的几内亚只是西非的一个国家。世界上有4个国家名称包含“几内亚”，分别是几内亚共和国、几内亚比绍共和国、赤道几内亚共和国、巴布亚新几内亚独立国，4个国家均由殖民时代的葡萄牙和西班牙殖民者冠名。

②几内亚自然资源丰富，盛产钻石、黄金。水资源丰富，是西非三大河流（尼日尔河、塞内加尔河、冈比亚河）的发源地，有“西非水塔”之称。

③几内亚，来源于柏柏尔语，意为“黑人的国家”。这里人为黑色人种，又称尼格罗人种。

④几内亚湾是西非和美洲的贸易通道，欧美强国先后在此掠夺。三角贸易期间，几内亚湾是贩运黑奴的重要基地。

第三次航海

①俘虏鲁滨逊的土耳其海盗，是西突厥与地中海原始居民的混血后裔，多为欧罗巴人种。

②书中提到的摩尔人，是中世纪时西欧西班牙人和葡萄牙人对北非穆斯林的贬称。今摩尔人，多指在中世纪时期居住在伊比利亚半岛（今西班牙和葡萄牙）、西西里岛、马耳他、马格里布和西非的穆斯林。

③鲁滨逊逃至巴西后，成了种植园主。当时巴西还属于葡萄牙殖民地，直到 1822 年，巴西才宣布完全脱离葡萄牙独立。

④巴西属于南美洲，原为印第安人的居住地，后沦为殖民地。多民族聚集，致使现在巴西成为一个“民族大熔炉”。

这里大部分地区处于热带，著名的“地球之肺”亚马逊雨林就在这里。

第四次航海

（请你来介绍一下鲁滨逊第四次航海过程中的地理知识。）

1 荒岛地图

求生地图

鲁滨逊的求生攻略

住宿	
支帐篷	先在岸上跑了一整天，后来在山岩下找到一个适合睡觉的地方，搭了个小帐篷，里面还打了几根木桩用来挂吊床。
加固房子	为了防止自己的房子被暴雨击垮，把所有箱子和木材堆成了一个临时性的围墙做防御，还装了天花板，下面用柱子支撑。
扩建房子	为了让自己的居所更宽敞，逐步扩建房子，开辟贮藏室、厨房、餐厅等房间。还自己动手制作了家具。

技能小贴士：搭帐篷小技巧

1. 尽量在坚硬、平坦的地上搭帐篷。2. 帐篷最好朝南或东南面，能够看到清晨阳光，尽量不要搭在棱脊或山顶上。3. 帐篷入口要背风，远离有滚石的山坡。4. 帐篷四角要用地钉固定或用石头压住。5. 为防止虫子进入，可在帐篷周围洒一圈煤油。

实践：周末和爸爸妈妈一起搭帐篷露营。

食物	
找出现有食物	虽然孤身一人来到荒岛，但还有船上遗留的食物可以吃。不仅拿到了干肉，还拿到了谷物、淡水和很多饼干。
播种	发现自己无意掉在墙角的谷壳，竟然长出绿色茎干，不久长出了几十个穗头。从此一到雨季就撒下半数种子来试验，以得到更多粮食。
驯养动物	将捕捉来的野兔、山羊、鸽子等动物，限制在围栏中。还做了缰绳，把动物套在木头上，这样就能随时吃肉。

技能小贴士：种菜小技巧

种菜步骤：整地（深耕＋平整泥土）、播种（直播＋育苗）、施肥（有机肥＋化肥）、管理（浇水＋除草＋追肥＋整枝）。常见的容易生长的蔬菜有：洋葱、蒜、韭菜等。

实践：买一些蔬菜种子，和爸爸妈妈在家里的花盆中尝试一下吧！

必备品	
家具	砍下枝条编织筐子用来放杂物，用木头做桌、椅等家具。
餐具	为了做面包，又开始制作相应工具，还做了一些陶瓷用品。
用具	制作小水桶盛淡水。

技能小贴士：制作手工水桶小技巧

准备一些雪糕棒（或形状相似的小木棒）、乳胶、饮料瓶、双面胶和旧皮包带等；将饮料瓶用剪刀剪下瓶子顶部；在瓶子上缠两圈双面胶；开始逐根粘雪糕棒，直到将饮料瓶粘满一圈为止；将旧皮包带剪成两条，用乳胶粘在圆筒外圈，起到固定作用；最后在桶外加装饰物。

实践：收集雪糕棒，或者亲手锯木条，和爸爸妈妈一起做一只迷你水桶。

气象观测	
辨方向	在海上可根据太阳位置、星星（主要是北极星）位置、风向、海水流向等辨别方向；在野外，可以利用指南针、植物年轮等方法辨别。鲁滨逊在与世隔绝的环境下，运用了自己当水手时训练而来的地理方位知识来帮助生存。

技能小贴士：利用树木辨方向小技巧

树木的生长离不开阳光，受阳光照射较强烈的那一边，树干、枝叶生长就比较旺盛。1. 看树木年轮。因为我国大陆绝大部分版图在北回归线以北，树木南边受光热较北边充足，每年增长的木质较厚，故年轮南面显得稀疏，而北面显得密集。如果周围有截断的大树干，就可以用这种方法来辨认方向。2. 看树叶。同理，树叶受南边阳光照射较其他方向强烈，因此树木朝南一方的树冠较北边大。

实践：和爸爸妈妈去公园里，找一棵大树来试一试吧。

精神依托	
《圣经》	在高烧不退的情况下开始读《圣经》。书中“你在患难的时候呼求我，我就必拯救你，而你要颂赞我”这句话，让他心里感到宽慰，得到指引和鼓舞。
日记	在岛上将每日发生的事情记录下来。
伙伴	鹦鹉波尔（会“说”人的语言）和野人星期五。

技能小贴士：寻找一本令自己受益最多的书

书籍可以改变人生，正如我们相信我们的智慧可以改变社会一样。人的一生必然会在某个时间节点，遇上改变自己一生的一本书——一本书可能改变你对某门学科的态度和成绩，一本书可能让你学到了有用的知识与技能，一本书可能让你对人生、对社会、对世界有更深的认识……

实践：推荐一本截至目前，最让你受益的书，并说说它如何对你造成了影响，你从中学到了什么样的技能，你的学习、生活发生了什么样的改变。

结合鲁滨逊的求生攻略，想一想：

a. 鲁滨逊独自在荒岛生活时，不用工作，也没有老师布置看书、写作业，本可以潇洒自在，为什么他还要主动去计算时间、记日记、读《圣经》呢？

b. 如果你也去荒野求生，在下列物品中，你只能选择 3 样随身携带，你会选择什么？为什么？

□ 帐篷　太阳能手电　绳索

□ 打火机　净水器　刀具

□ 笔　医药箱　手机

□ 图书　宠物　指南针

□ 种子　老干妈　其他

c. 一个人是孤独的，鲁滨逊找到了他的伙伴星期五。如果让你选择带一个人去荒岛，以下这些人中，你会选择谁？请说出理由。

□ 亲人（爸爸、妈妈、爷爷、奶奶等）

□ 贝尔

□ 某个朋友

□ 其他

2 丛林地图 沙漠地图 雪山地图

开启荒岛地图后，请在丛林地图、沙漠地图、雪山地图中任选一幅，查阅相关资料并结合不同地形的实际情况，继续你的求生之旅。

我的求生攻略

住宿

1. ______________________

2. ______________________

食物

1. ______________________

2. ______________________

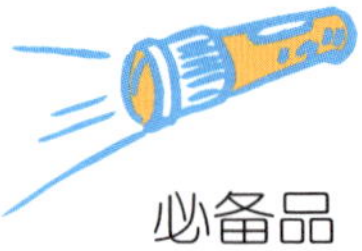

必备品

1. ______________________

2. ______________________

气象观测

1. ______________________

2. ______________________

精神依托

1. ______________________

2. ______________________

荒岛行进

（1）你知道吗，鲁滨逊所在的荒岛“绝望岛”不是虚构出来的，而是有原型的。你知道小岛的原址在哪里吗？

（2）试想一下，假如自己来到了鲁滨逊所在的荒岛，会发生什么故事呢？请以“当我再睁眼的时候，已经身处一片荒岛了。我看到一间屋子，走上去敲了敲门……”为开头，续写接下来可能会发生的故事。

（3）如果你所在的荒岛上有手机、电源和 Wi-Fi，请开开脑洞，想想需要在社交媒体上发些什么内容，才可以把自己打造成一个“网红”？

亲子阅读手帐

《昆虫记》

——请你邀请爸爸或妈妈一同完成吧——

A 走进这本书

认识本书

《昆虫记》是一本讲昆虫生活的书，涉及百余种昆虫，又被称为《昆虫世界》《昆虫物语》《昆虫的故事》等。全书共十卷，描述了小小的昆虫恪守自然法则，为了生存和繁衍而进行的不懈努力。作者依据其毕生从事昆虫研究的经历和成果，重点介绍了他所观察和研究的昆虫的外部形态、生物习性，真实地记录了几种常见昆虫的本能、习性、劳动、死亡等。作者将昆虫的日常生活和自己的人生感悟融为一体，带着人性的情感和思考去看待昆虫，既表达了他对生命和自然的热爱与尊重，又传播了科学知识。

名家评述：鲁迅曾把《昆虫记》奉为“讲昆虫故事、讲昆虫生活”的楷模，希望“科学家肯放低手眼，再看看文艺书”。

周作人更推崇这本书，他说，读这本讲昆虫生活的书，“比看那些无聊的小说戏剧更有趣味，更有意义”。

巴金也说，《昆虫记》融作者毕生的研究成果和人生感悟于一炉，以人性观察虫性，将昆虫世界化作供人类获取知识、趣味、美感和思想的美文。

认识作者

（1）课本里的他

让－亨利·卡西米尔·法布尔（1823年12月22日—1915年10月11日），法国博物学家、动物行为家、昆虫学家、科普作家、文学家，以《昆虫记》一书留名后世。他穷毕生之力深入昆虫世界，在自然环境中对昆虫进行观察与实验，真实地记录下昆虫的本能与习性，著成了《昆虫记》这部昆虫学巨著，被世人称为“昆虫界的荷马”“昆虫界的维吉尔”，被法国与国际学术界誉为“动物心理学的创始人”。

（2）你不知道的法布尔

阅读链接

《法布尔传》

作者：［法］乔治－维克托·勒格罗

出版社：商务印书馆

①朝见国王？不，我在考察昆虫！

“上流社会，我尽量回避。”法布尔一生不慕荣利，从不愿意钻营奔走。在受邀进宫面见拿破仑三世时，他仍旧穿戴着不合时宜的衣冠，毫不介意，也不管别人会怎么想。并且他毫不客气地以考察虫类的老练眼光环视着皇宫里的人，比如当他看到身穿棕黑色燕尾服和灯笼裤，脚蹬系着银扣子的长皮靴的侍从官时，就习惯地同昆虫的模样联系起来——棕色的外壳，鞘翅一般的尾巴，那甩动着的长袖，他太像“鞘翅目”昆虫啦！大家看，这哪里是“朝见皇帝”，而是考察昆虫呢！

②了不起的“动物老师”

小学时代，法布尔在字母读写方面学起来很吃力。他记不住那些字母，更别说运用它们了。直到父亲从街上买回一本色彩鲜明的漫画书，这对法布尔来说简直是一个宝藏。书里面有各种动物的图片，借由动物的名称让孩子们认识字母。他觉得这样的学习方法非常有趣，不久后课业突飞猛进。当然，动物并不是法布尔知识的全部来源，但是，他能够认识字母完全得益于动物的帮助。这正与法布尔喜爱动物的天性相符合。

这之后，法布尔开始喜欢上了书本，父亲又为他买了一本故事书，里面充满了有趣的插图。当然，动物必不可少，全部都是法布尔喜爱而熟悉的动物，如狐狸、喜鹊、青蛙、马、狗、猫等，所以他对这本书真是百看不厌。直到很多年后，它依然是他最亲近的朋友。

③精通多门学科的大师

法布尔不管是写作还是演讲，之所以善于分析事实，说话清晰有力，深入浅出，娓娓动听，富有思想感染力，得益于法布尔不仅对昆虫学这一门学科很精通，同时对植物学、数学、物理、解剖学也很精通。

青年时代的法布尔就下定决心，要把高深的科学研究，化为简易的说明，来让民众学科学，爱科学，用科学。因此他孜孜不倦地学习数学，尤其是几何学。法布尔说他青年时代学几何学，对他后来写科学文艺作品很有帮助。几何学使他逻辑清楚，思路清晰，在写作中去掉模棱两可的东西。

神奇的动物在哪里

请你邀请爸爸妈妈或者几个好友，以“自荐虫”的身份开始一场“滔滔不绝”的“自卖自夸”，看看哪一只“神虫”能够荣登年度“神虫”榜首，谁又是那位“鉴虫大师”。

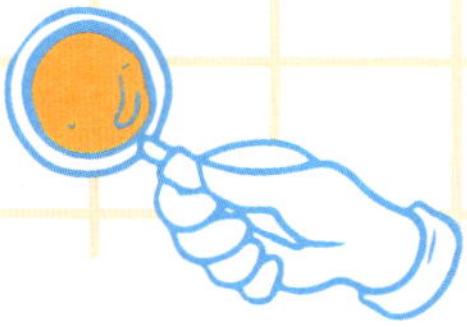

（1）评审规则

最__________（用一个词来概括神虫最具代表性的特点）的昆虫：______________（填昆虫名称）

神奇指数：

神虫特技：言简意赅地介绍出该虫闪光之处，形态、习性、繁衍等。

候选虫自荐：100 字以内浓缩的自荐精华。

专家评委推荐词：摘取或整理出昆虫学家法布尔对此虫的“高度评价”。

（2）评审示例

最表里不一的昆虫：萤火虫

神奇指数：★★★★☆

神虫特技：它自带发光体，也是昆虫界著名的麻醉师。它可以将猎物麻醉失去知觉后，把猎物的身体完全液化，供其食用。

候选虫自荐：你们不是都唤我是“提灯的精灵”吗？看在我如此“可爱”的分上，怎么也应该投我一票吧！如果你敢不投我，小心我给你准备一台麻醉手术，让你永远也醒不过来！哼！

专家评委推荐词：从外表来看，它似乎是一个纯洁善良而可爱的小动物，但是，事实上，它是一个凶猛无比的食肉动物，而且，它的捕猎方法是十分凶恶的。萤火虫先把猎物变成流质，对之进行液化处理、加工，然后食用。这个方法，我在其他的地方还没有看到过相同的例子，可见其独特性并非一般。

（3）下面就请你和爸爸妈妈，或者好友，开始寻找神奇的动物吧！

候选虫 1

最________的昆虫

神奇指数：☆☆☆☆☆

神虫特技：________________________

候选虫自荐：________________________

专家评委推荐词：________________________

候选虫 2

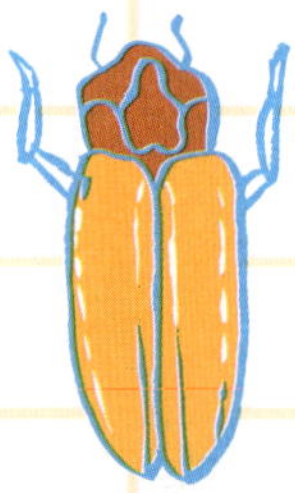

最________的昆虫

神奇指数：☆☆☆☆☆

神虫特技：________________________

候选虫自荐：________________________

专家评委推荐词：________________________

候选虫 3

最________的昆虫

神奇指数：☆☆☆☆☆

神虫特技：________

候选虫自荐：________

专家评委推荐词：________

（4）昆虫太多，不知道该选谁？给你个提示吧！请将下面几位“神虫”与各自的特技进行连线匹配，然后推选一位你最中意的吧。

玩转潜水	石蝉
擅长心理战	圣甲虫
怕冷	蜘蛛
心灵手巧	孔雀蛾
有母爱	舍腰蜂
爱情至上	樵叶蜂
数学高手	螳螂

B 创意阅读

和昆虫来一次亲密接触

神秘的大自然吸引了一代又一代的自然观察家，同样也吸引了我们这些充满好奇心的小小观察员。如果你想谱写一本属于自己的《昆虫记》，要做哪些准备工作呢？昆虫虽然是人类日常生活中最常见的动物，但是研究昆虫可不是一件容易的事，想真正了解昆虫世界，必须亲身体验，更少不了耐心观察和认真记录 。

步骤 1

制订观察计划

大自然里的昆虫有很多，如果我们一一进行观察，肯定忙不过来，也看不过瘾，所以我们要有计划地进行观察研究。在拟订观察计划的时候，我们首先需要思考下面这些问题。

你打算观察什么昆虫？为什么？

你打算什么时候去哪里观察？

你打算怎样观察？

观察的时候，你预估会遇到哪些困难？你打算如何解决？

步骤 2

准备观察工具

多数的昆虫都是我们身边微小的存在，想要对它们进行一番观察少不了专业的工具。回忆一下，法布尔观察昆虫时，使用了哪些工具呢？如今，随着现代科技发展，我们能获得的新工具、新仪器又有什么呢？

- □ 望远镜：适合远距离观察
- □ 放大镜：适合近距离观察
- □ 照相机：________________
- □ 测量尺和秒表：用来确定行走和飞翔的速度
- □ 纸和笔：可完成观察笔记
- □ 其他观察工具：________________

步骤 3

制作观察档案

观察计划和工具都准备好了，那么现在就带上好奇心和耐心，出发吧！在昆虫的世界里，只要你肯用心去学习，每一种生物都会是很棒的自然老师。现在就请你借鉴法布尔的经验，为观察到的昆虫，设计一个观察实验，并完成这份观察档案吧。

研究昆虫	示例：圣甲虫
研究内容	示例：1. 作为“大自然的清洁工”，它是如何运送那“珍贵”的粪球的。2. 仔细观察其后足，记录它挖土和搓粪球时的样子。

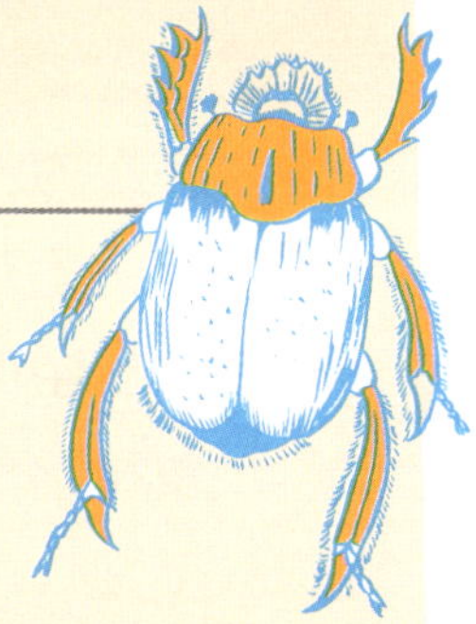

观察地点	观察时间	观察工具以及实验器材
示例：山脚下的草场上，在牲畜曾经走过的地方，微微隆起的土堆。	示例：6月末到9月初，夏日期间，要尽量起个大早，在人的足迹打扰之前。	示例：放大镜、相机、铁丝做的罩子、小铲子。
观察或实验步骤	步骤一：	
	步骤二：	
	步骤三：	

步骤 4

观察报告的语言

《昆虫记》本是介绍昆虫生活的科普著作，行文却生动活泼，幽默诙谐，意趣盎然，难怪翻译学者王光老师曾这样评价它——“学术报告写出语言艺术境界”。下列表格分别列举了学术词典对昆虫的介绍，以及法布尔用生动传神的语言对昆虫的描写。

下面就请你根据词典的记录，先猜出这种昆虫的身份，然后仿照“法布尔”式的语言（多用比喻！如果感觉有点困难，不妨先看看《想想办法吧！爸爸——一开始就做对，胜过一辈子的弥补》中的《比喻，作文的“整容大师”》一文吧），对它进行一番全新的介绍。

胸部具翅两对、足三对；前胸细长，前足粗大呈镰刀状。其股节和胫节有倒钩状刺，用以捕捉害虫。 ——词典里的螳螂	身体轻盈，淡绿的体色，长长的翅膀像纱罗一样。没有张开来像剪刀一样凶狠的大颚，小嘴尖尖。前足腿节像个扁平的梭子，内侧有两行钢锯。 ——法布尔笔下的螳螂

幼虫体前端扩展成圆形，似头状，故俗名圆头钻木虫，上腭强壮，能钻入树内生活两年以上，破坏木材。化蛹前向外钻一孔道，在树内化蛹，新羽化的成虫经此孔道而出。	
卵一般散产于豌豆荚两侧，多为植株中部的豆荚上。幼虫孵化后即蛀入豆荚，成熟时在豆粒内化蛹。成虫羽化后经数日待体壁变硬后钻出豆粒，飞至越冬场所，或不钻出就在豆粒内越冬。	
喜炎热。多会选在能够暴露在夏日炎热炙烤之下的地点。主要分布在热带以及亚热带，或温暖的地方，尤喜将巢穴建于烟囱、火炉旁。	

模拟“虫”生

（1）A 市日前准备修建一栋名为“昆虫之家”的公寓，需要招募一位建筑师。下面请你根据每位建筑师的特点，替它们完成各自的设计思路的阐释说明吧。

例

建筑师：黄蜂

建筑设计阐释：可以建造世界上绝无仅有的壮阔、整齐的房屋，并且施工过程中看不到一点儿泥土的痕迹。采用的建筑材料非常经济，是用木头的碎粒制成，并且考虑到保暖效果，整座建筑会呈多层次鳞片状，一片一片松松地铺起来，其中留有很多通气孔，其内部含有大量的空气。

建筑师：蝉

建筑设计阐释：________________

____

____

____

建筑师：蟋蟀

建筑设计阐释：

建筑师：螳螂

建筑设计阐释：

（2）“昆虫之家”公寓落成，面对这些已经排好队等待搬入新家的虫客，作为公寓管理员的你要来安排每一层的虫客了。

首先，请认真阅读《管理员守则》：

管理员守则

第一条：请务必仔细研究每一楼层的住宿环境。

第二条：请一定细心考虑每位虫客的生活习性与性格。切记，不要安排某些虫虫做邻居，这可关系到“昆虫之家”日后能否和谐！

第三条：请务必向各位虫客解释说明你这样安排的原因。

接着，对如何安排虫客进行一番细致调研，尤其注意关于它们的生活习性、捕食方式、天生仇敌等的描述。

075

请完成“昆虫之家”楼层介绍图

待安排虫客：松毛虫、舍腰蜂、蝉、小阔条纹蝶、天牛、红蚂蚁、蟋蟀、圆网蛛

阁楼

安静，少有打扰。烟囱穿堂而过，冬日各家各户取暖时，热量会源源不断供给到阁楼上。所以这里一年四季都暖意融融。

住户：

入住原因：

4楼

视野很棒，落地全开窗让室内通风极佳。并且阁楼的存在不仅阻挡了夏日蒸腾的暑气，还能在寒冬腊月起到保温效果。

401室

住户：

入住原因：

402室

住户：

入住原因：

3 楼 这一楼层的房间内部装修注重设计，要么在房间内有橡木造景，要么房间就像迷宫一样，讲求迂回曲折。	**301 室** 住户：红蚂蚁 入住原因：
	302 室 住户： 入住原因：
2 楼 这一楼层四季分明，既可享受春夏时节灿烂的阳光，也能经历秋冬的风霜严寒。最重要的是，这层楼的住户拥有一方宽敞的露台，露台紧邻一棵松树，枝繁叶茂。	**201 室** 住户： 入住原因：
	202 室 住户： 入住原因：

<table>
<tr><td rowspan="2">1 楼
房间墙壁采用隔音材料，室内有些潮湿，并且采光一般，但是此楼层会附赠地下室。</td><td>101 室
住户：蝉
入住原因：蝉的幼虫宝宝要在地下洞穴里度过漫长时光，所以，蝉的住所怎么能没有地下室呢？</td></tr>
<tr><td>102 室
住户：
入住原因：</td></tr>
</table>

（3）请选取“昆虫公寓”里的某一位虫客，参考《昆虫记》对它的描述，讲述这位虫客在“昆虫公寓”内是如何度过一天 24 小时的。

题目：________的 24 小时（字数不限）

____

____

____

____

亲子阅读手账

《射雕英雄传》

——请你邀请爸爸或妈妈一同完成吧——

A 走进这本书

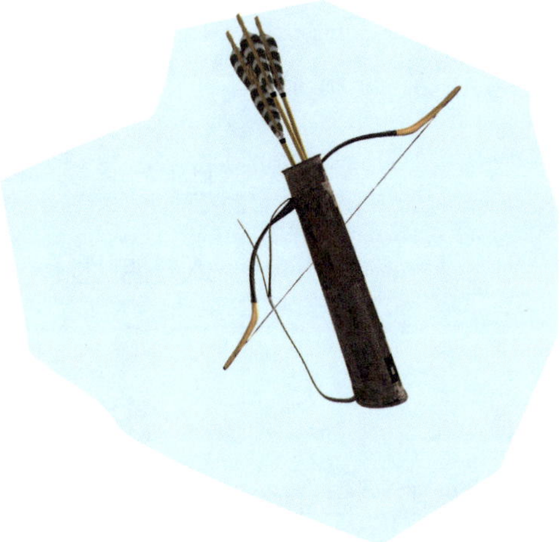

认识本书

《射雕英雄传》是金庸创作的长篇武侠小说，共40回，是金庸“射雕三部曲”的第一部。（“射雕三部曲”是《射雕英雄传》《神雕侠侣》《倚天屠龙记》）该小说历史背景突出，场景纷繁，气势宏伟，具有鲜明的“英雄史诗”风格。主要讲述了郭靖背负着家仇国恨闯入江湖，在红颜知己黄蓉的帮助下通过无数历练，最终成长为“侠之大者”、民族英雄的武林故事。

认识作者

（1）你眼中的金庸

在阅读本书之前，我眼中的金庸先生是这样的——

他的外貌：温和敦厚的形象，慈祥友善的神态……

他的代表作：武侠小说“飞雪连天射白鹿，笑书神侠倚碧鸳”

别人对他的评价——

①作家黄易：“金庸就像一个‘黑洞’。把传统发挥得淋漓尽致，任何人靠近他，就会化为乌有，根本没法比。”

②北京大学教授严家炎：“金庸的武侠小说大大提高了传统武侠小说作品的思想、文化、艺术品位，包含着浓烈的文化气息、丰厚的历史知识和深刻的民族精神，他以其艺术实践，使近代武侠小说第一次进入了文学的宫殿，是一场静悄悄的文学革命。”

（2）你不知道的金庸

①高情商＋幽默

有一次金庸先生应邀到北京大学演讲。一开始，他就说：“我刚从绍兴过来。在绍兴的兰亭，那里的人让我写字。我说，这可不行，这是大书法家王羲之写字的地方，我怎么能写？但是他们非要我写，我就写了一句‘班门弄斧，兰亭挥墨’。今天，北大又让我在此讲学，我是搞新闻出身的，做新闻是杂家，跟专攻一学的教授不同，如果让我做正式教授的话，那是完全没有资格的，幸亏我当的是你们的名誉教授。”

金庸先生风趣的话语，既肯定了北大教授的地位，同时又用“名誉教授”这样同样有分量的职称来介绍自己，可谓会说话的典范了。

②金庸的“大佬”亲友圈儿

同族兄弟：教育家查良钊、“九叶诗人”穆旦（查良铮）

姑父：军事学家蒋百里

表姐：蒋百里之女、歌唱家蒋英

表姐夫：科学家钱学森

表哥：诗人徐志摩

妹夫：建筑结构专家曹时中

表外甥女：作家琼瑶

③关于笔名：

金庸本名查良镛，拆“镛”字成笔名“金庸”，最为大众熟悉。除此以外，先生还有笔名“姚馥兰”，取自“your friend”的谐音。笔名“林欢”取自第一任妻子杜冶芬之名，查和杜都有“木”字的偏旁，双木成林；欢指的是两人的生活非常幸福、欢快。

来给自己起个笔名吧！

笔名：____________________

为什么这样起：____________________

《射雕英雄传》人物谱

人物 1

外貌：年轻后生，浓眉大眼

称呼：北侠，郭大侠，靖儿，靖哥哥

性格：单纯刚直，做事踏实，重孝重义……

武功：九阴真经，降龙十八掌，空明拳，弹指神通……

趣事：一见黄蓉而钟情

郭靖刚见到黄蓉的时候，就想：“有什么仙女比蓉儿还美？”认为黄蓉可谓是天仙下凡，无与伦比。这样的一见钟情，让他不禁手舞足蹈，死也甘愿。

小档案 黄蓉

人物 2

外貌：肌肤胜雪，娇美无匹，容色绝丽，宛若仙女

称呼：蓉儿、黄帮主

性格：古灵精怪，聪慧机敏……

武功：兰花拂穴手，桃华落英掌，玉箫剑法，打狗棒法……

趣事：铁枪庙洗脚

黄蓉在一座古庙投宿，正在洗脚之时，官军眼睁睁地瞧着她洗脚，说是因为她一双脚生得好看。旁人以为这厮会被黄蓉教训，哪知黄蓉笑道：“凭你这副蠢相，也知道好看难看？”伸棒绊了他一个筋斗，居然没再追究。

小档案 杨康

人物 3

外貌：

称呼：

性格：

武功：

趣事：

小档案 黄药师

人物 4

外貌：

称呼：

性格：

武功：

趣事：

人物匹配

你了解《射雕英雄传》里的人物性格吗？来连线试试看吧！

欧阳锋	行侠仗义
杨康	凶残成性
江南七怪	狡猾奸诈
洪七公	认贼作父
一灯大师	贪吃
梅超风	慈悲为怀

说一说，《射雕英雄传》里，你最喜欢的人物是谁？为什么喜欢？

你最喜欢的人物：________________

因为________________

____

____

B 创意阅读

涨知识！《射雕英雄传》里的百科全书

（1）语文

《射雕英雄传》中的诗词、对联比比皆是，对于培养孩子的诗词能力有一定启蒙作用。

①诗词：

第一回中引用南宋诗人戴复古的《淮村兵后》——

小桃无主自开花，烟草茫茫带晚鸦。
几处败垣围故井，向来一一是人家。

找找看，书中还有哪些地方引用了诗词？这些诗词和情节有什么关联？

②对联：

上联：风摆棕榈，千手佛摇折叠扇。下联：霜凋荷叶，独脚鬼戴逍遥巾。

上联：琴瑟琵琶，八大王一般头面。下联：魑魅魍魉，四小鬼各自肚肠。

试着给《射雕英雄传》里的大侠也创作一副对联吧！

例

洪七公——千古一丐

九指定忠奸，酒肉穿肠，穷途一生不落魄。
三笑泯恩仇，经卦入武，侠游千里任逍遥。

例

郭靖——北国豪侠

擎双雕，开弯弓射月，凭一腔热血，钝者犹可成绝艺。

策匹马，奋肉掌降龙，尽千古忠魂，布衣亦能固江山。

（2）数学

《射雕英雄传》第二十九回《黑沼隐女》——

瑛姑道："将一至九这九个数字排成三列，不论纵横斜角，每三字相加都是十五，如何排法？"黄蓉的解答口诀是：九宫之义，法以灵龟，二四为肩，六八为足，左三右七，戴九履一，五居中央。……黄蓉笑道："不但九宫，即使四四图，五五图，以至百子图，亦不足为奇。就说四四图罢，以十六字依次作四行排列，先以四角对换，一换十六，四换十三，后以内四角对换，六换十一，七换十。这般横直上下斜角相加，皆是三十四。

这段故事讲的就是如今我们所熟知的幻方（与数独类似，也是经典数字游戏），请和爸妈一起去探索一下吧。

幻方是什么？

幻方的种类有哪些？

和爸妈做个游戏吧！

试将 1，2，3……25，分别填入下面五阶幻方的 25 个方格中，使得每一行、每一列及对角线上的五个数之和都相等。（据说五阶幻方超过一千三百万种！你和爸妈谁能又快又好地第一个填出来？）

（3）物理

谁说大侠不遵守物理定律，一切都靠主角光环？《射雕英雄传》里的各路武功都有科学解释！

（资料源于网络）

《射雕英雄传》第三十七回，写欧阳锋上了黄蓉的当。黄蓉前脚把欧阳锋骗上高高的雪山，后脚就把登山的梯子撤掉，把欧阳锋困在山顶。雪山这么陡这么滑，欧阳锋难道要困死在山里吗？显然没有。

欧阳锋居然跳了下来，还没事。原文写“只见欧阳锋并非笔直下坠，身子在空中飘飘荡荡，就似风筝一般……只见欧阳锋身上不见了外衣，头顶缚着两个大圆球一般之物。”原来，机智的欧阳锋是用外衣自制了“降落伞”。

不过帮他活命的不只是降落伞，这里面的物理原理大有门道。

欧阳锋这一跳属于高空跳伞，根据流体力学的空气阻力计算公式，欧阳锋受到的浮力与四个物理量有关，分别是空气密度、风阻系数、迎风面积和下落速度。估算一下，欧阳锋受到的浮力约为 880 牛顿，基本抵消了地球引力对他的影响，他将以每秒 80 米的速度匀速下落。

虽然是匀速，但每秒 80 米的速度也极为恐怖。任你武功再高，还是会摔成肉馅儿。好在欧阳锋做了个降落伞，增加了风阻系数和迎风面积，浮力进一步提升。不过即便

如此，根据估算，他仍将以每秒 16 米的速度投入大地的怀抱。每秒 16 米依然是要命的速度，相当于被一列高速火车迎头撞击，想不死都难。

欧阳锋为什么逃过一劫了呢？

原文写的是：“只见他在半空腰间一挺，扑向城头的一面大旗。欧阳锋左手前探，已抓住了旗角，就这么稍一借力，那大旗已从中间裂开，一分为二。欧阳锋一个筋斗，双脚勾住旗杆，直滑下来，消失在城墙之后。”

原来，欧阳锋扯住一面大旗，来了个缓冲，才没被摔死。你看，从千丈高峰上跳下来，貌似挺不可思议的一件事儿，也是符合基本的科学规律的。

（4）化学

《射雕英雄传》中，洪七公看到街上有人打架，其中一个人飞出去的是金镖，他顺手拿一个一看，这金镖里面居然是破铜烂铁，而外面却镀了一层真金，可见那个人是

冒充土豪，只是瞎显摆而已。那么，黄金适合做毒药吗？

黄金不适合做毒药。黄金的化学性质非常稳定，不溶于胃液和血液，当人把黄金吞到肚子里后，它也不会被人体吸收，吃进去多少，到时候就拉出来多少。吞金自杀的人，通常是因为金块太大，形状不光滑有棱角，在肚子里戳破胃壁，堵塞肠道，在痛苦中死去的。

吃丹药才是自杀。用各种各样的金属进行炼制，然后内服，不知不觉就会重金属中毒身亡。所以别信吃丹药会长生不老，相反，吃丹药会死得早。

（5）历史知识

了解一下《射雕英雄传》的历史背景吧！

1127 年靖康之变后，宋徽宗第九子赵构幸免于难，建立南宋（1127 年—1279 年）。《射雕英雄传》两个主人公的名字郭靖和杨康即有谨记“靖康之变”，勿忘靖康之耻之意。靖康之变是指靖康二年（金天会五年，1127 年）金朝南下攻取北宋首都东京，掳走徽、钦二帝，导致北宋灭亡的历史事件。

和孩子一起查查资料，看书中哪些人物是历史中真实存在的。

武林大会之一起来穿越

（1）如果穿越到书中，你最想学哪些武功？

降龙十八掌

武力值：★★★★★

由丐帮世代相传，天下第一刚猛掌法。洪七公以降龙十八掌夺得“北丐”之称。郭靖以降龙十八掌力抗蒙古大军，死守襄阳数十年之久。

铁掌水上漂

武力值：★★★★

湘西大帮铁掌帮的帮主裘千仞的武功，掌中隐隐约约有一股黑白之气，掌法精奇巧妙，凌厉至极，无坚不摧。

九阴真经

武力值：★★★★★

东邪、西毒、南帝、北丐等各大高手都在争夺的武林秘籍。

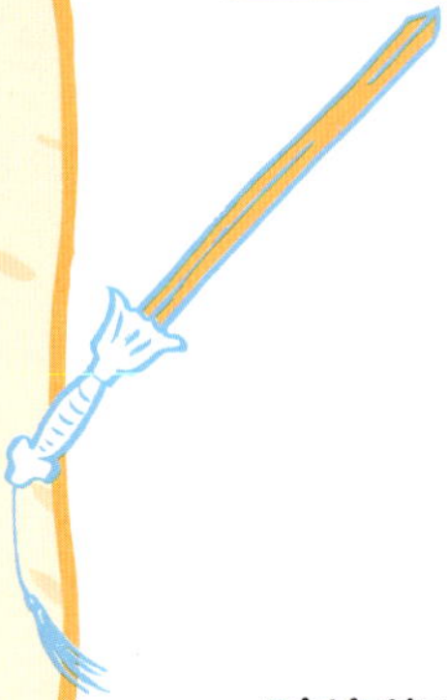

全真剑法

武力值：★★★★

全真剑法七剑七式，共七七四十九式。全真剑法是全真教的基本剑法，古朴拙重。

碧海潮生曲

武力值：★★★★

黄药师自创，表面上箫声似模仿大海潮浪之声，其实内藏致命武功，听得此曲，人不免心旌摇动，为其所牵。轻者受伤，重则丧命。

越女剑法

武力值：★★★★

江南七怪之七妹韩小莹外号“越女剑”，剑法亦名“越女剑”。后传与郭靖，在《神雕侠侣》中又由郭靖传于郭芙以及武氏兄弟。

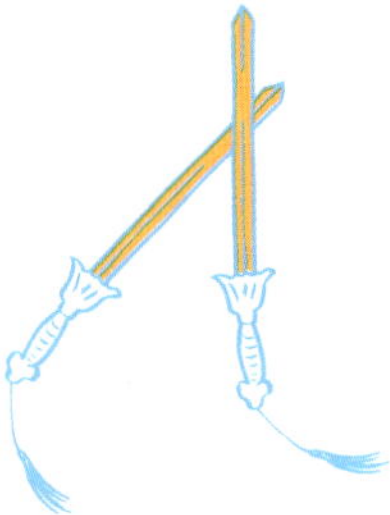

武功名称：

武力值：☆☆☆☆☆

武功介绍：

（2）书中人物与武功排名

名次	人物	武功
第 10 名	梅超风	九阴白骨爪、摧心掌
第 9 名	陈玄风	九阴白骨爪、摧心掌
第 8 名	裘千仞	铁掌水上漂
第 7 名	郭　靖	九阴真经、降龙十八掌、双手互搏、空明拳
第 6 名	段智兴	先天功、一阳指
第 5 名	洪七公	降龙十八掌、打狗棒法、小部分九阴真经
第 4 名	黄药师	弹指神通、碧海潮生曲、落英神剑掌、劈空掌等桃花岛武功
第 3 名	欧阳锋	逆练九阴真经、蛤蟆功、灵蛇拳
第 2 名	王重阳	先天功、一阳指、金雁功、全真剑法、同归剑法等全真教武功
第 1 名	周伯通	九阴真经、双手互搏、空明拳

你心目中的排名是什么样的？

（3）武功中的国学经典与传统文化

①降龙十八掌招式名取自《易经》（家长可以带着孩子在《易经》里寻找答案。）

降龙十八掌：亢龙有悔——《易经》乾卦：象曰：上九：（亢龙有悔）。

降龙十八掌：飞龙在天——《易经》乾卦：象曰：九五：（飞龙在天）。

降龙十八掌：见龙在田——《易经》乾卦：象曰：九二：（见龙在田）。

降龙十八掌：鸿渐于陆——《易经》渐卦：象曰：九三：（鸿渐于陆）。

降龙十八掌：潜龙勿用——《易经》乾卦：象曰：初九：（潜龙勿用）。

降龙十八掌：利涉大川——《易经》需卦：需：有孚，光亨，贞吉。（利涉大川）。

降龙十八掌：震惊百里——《易经》震卦：震：亨。震来虩虩，笑言哑哑。（震惊百里），不丧匕鬯。

降龙十八掌：或跃在渊——《易经》乾卦：象曰：九四：（或跃在渊），无咎。

降龙十八掌：神龙摆尾——《易经》履卦：履：（履虎尾），不咥人，亨。

《射雕英雄传》中还有一门绝世武功“九阴真经”，其心法口诀，取材自《道德经》七十七章。你不妨摘录下来并比较一下它们的异同吧。

《道德经》：______________________________

____

九阴真经：______________________________

____

②了解五行文化

东邪、西毒、南帝、北丐的武功一样高，但是南帝一灯大师的武功能克制西毒欧阳锋的武功，这一情节其实是根据中国传统的五行文化的属性设计的，请问这一属性是什么?

东方尚青，属木，故“东邪”为黄药师（平时都穿着青袍），居住在桃花岛；

南方尚赤，属火，故“南帝”号一灯；

西方尚白，属金，故“西毒”为欧阳“锋”；

北方尚黑，属水，故“北丐”为“洪”七公；

中央尚黄，属土，故“中神通”为王重阳。

金木水火土五行巧妙地嵌在五人的姓名中。

五行还具有相克关系，即金克木、木克土、土克水、水克火、火克金，这个也可以从人物相关的事件中得出，大家仔细去探索一下吧。

我的桃花岛

（1）《射雕英雄传》里的桃花岛如今在哪里？

《射雕英雄传》里面的桃花岛，是现如今浙江省舟山市的一个美丽岛屿。

（2）书中是怎样描述桃花岛的？

（3）请画出心中的桃花岛吧！

（4）如果让你给桃花岛岛主写一封信，你会写什么？如果你来到桃花岛，如何竞选岛主？

给桃花岛岛主的一封信

第二章

任务清单，好作文轻松写出来

填一填

跟孩子一起完成“七情”象限图，搞定人类所有情感表达

在表达情绪的时候，除了运用“很、最、极、太、非常、十分、稍微、特别”这些程度副词以外，其实还可以选择程度不同的词语来表示各类情绪。

知乎上有人建议，查一查“七情六欲”是哪七情？有哪六欲？然后给“喜、怒、哀、惧、爱、恶、欲”每一种情绪，找出三至五个能够恰当描述的词，写上半页纸。那么，人类所有的情感表达肯定逃不出这半页纸的界定。

你和爸爸、妈妈不妨一起来挑战试试，看谁写得又多又好。

例

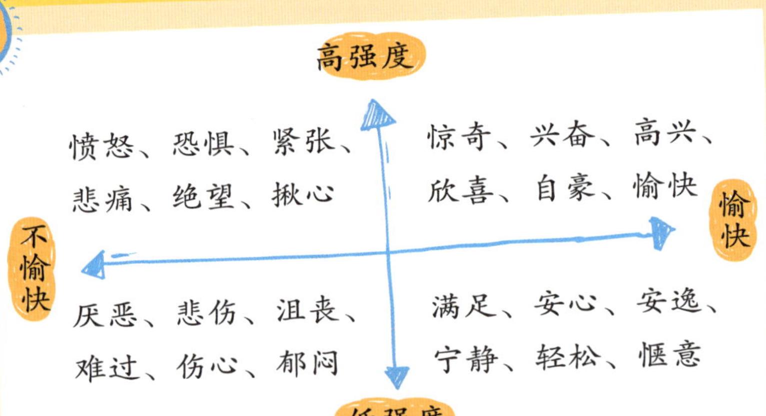

情绪	程度低→高				
喜（开心）	快乐	愉悦		欢腾	欣喜若狂
怒（生气）	生气	气恼	愤懑		怒不可遏
哀（伤心）	悲伤		悲凉	悲痛	泣不成声
惧（害怕）	忐忑		恐惧	心惊肉跳	毛骨悚然（瘆人）
爱（喜爱）	欣赏	喜欢		热爱	忠贞不渝（挚爱）
恶（讨厌）	嫌弃		厌恶	鄙厌	深恶痛绝
欲（想……）	意欲	向往		痴求	梦寐以求

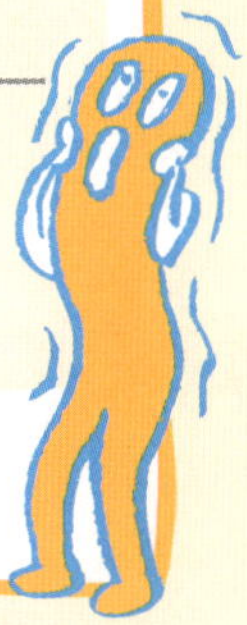

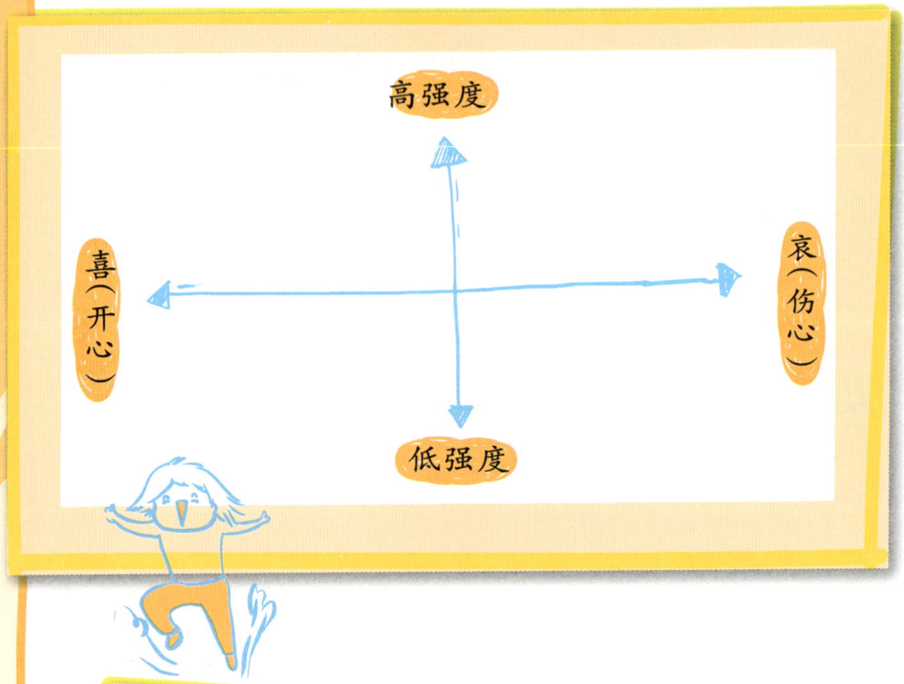
高强度
喜（开心）
哀（伤心）
低强度

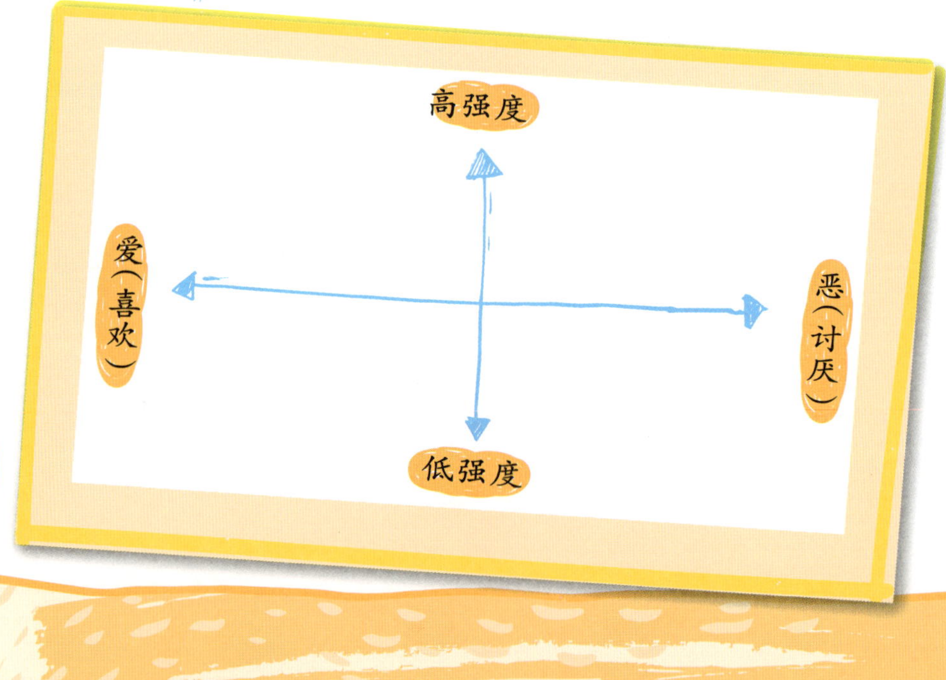
高强度
爱（喜欢）
恶（讨厌）
低强度

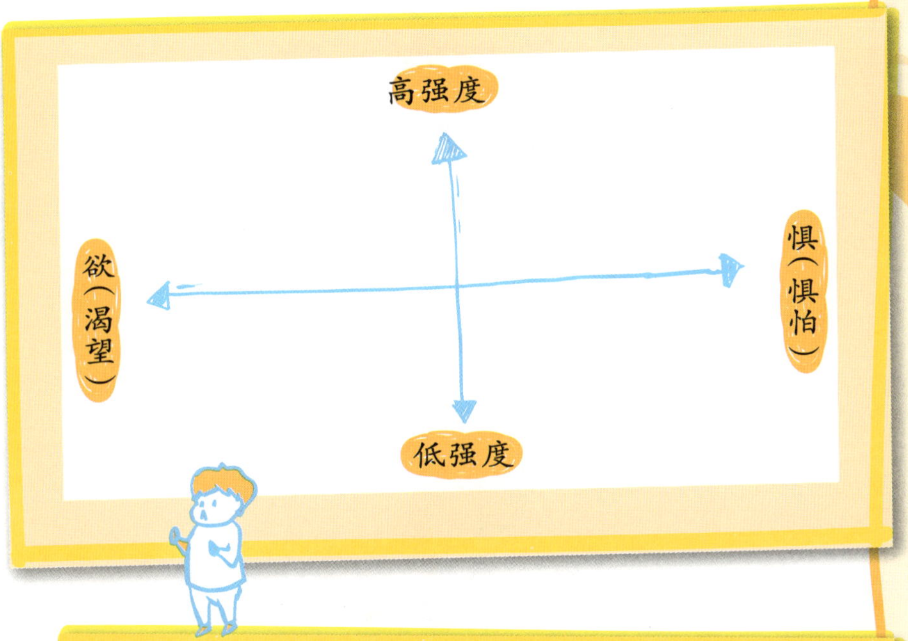
高强度
欲（渴望）
惧（惧怕）
低强度

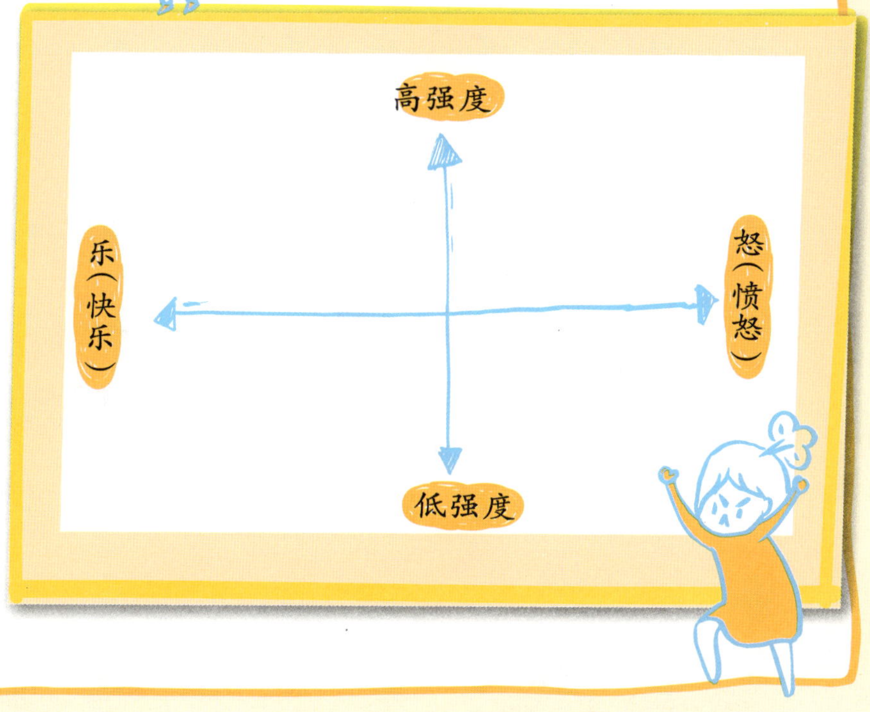
高强度
乐（快乐）
怒（愤怒）
低强度

测一测

测一测你的作文素养，感官观察与细腻表达

小学作文，文体简单，一般是写物、写人、写事三类。不论哪一类作文，观察体验永远是第一步，没有留意观察，写景抒情便无从谈起；没有深刻洞察，写人叙事也会显得空洞乏味。

观察，不仅仅指的是用眼睛去看，还包括了用耳朵去听、用鼻子去闻、用舌头去尝、用身体去触摸、用聪明的脑瓜去想象。全部感官调动起来，才叫“观察”！

观察感受是输入，作文表达是输出。如果孩子在写人记物时，能逐一把五种感觉详细地写出来，即便没有高分，也绝对差不了！

下面，就来测一测你的作文素养：感官观察与文字表达吧！

眼睛：你看到了什么？好比描写田间野花，你常用五彩缤纷、含苞待放、花枝招展、鸟语花香、摇曳生姿等词语；选择其中的一个或几个，把它们连成描写田间野花的一句话：田野小花，一场雨之后，由乱草丛中，争先恐后地透过蓬蓬杂叶而出，红心紫瓣，风吹花动，整个原野摇曳生姿，五彩缤纷。

鼻子：你闻到了什么？好比你描写食堂的早餐，你常用______、______、______、______、______等词语；选择其中的一个或几个，把它们连成描写食堂的早餐的一句话：______

耳朵：你听到了什么？好比你描写黄果树瀑布，你常用________、________、________、________、________等词语；选择其中的一个或几个，把它们连成描写黄果树瀑布的一句话：________

____

____

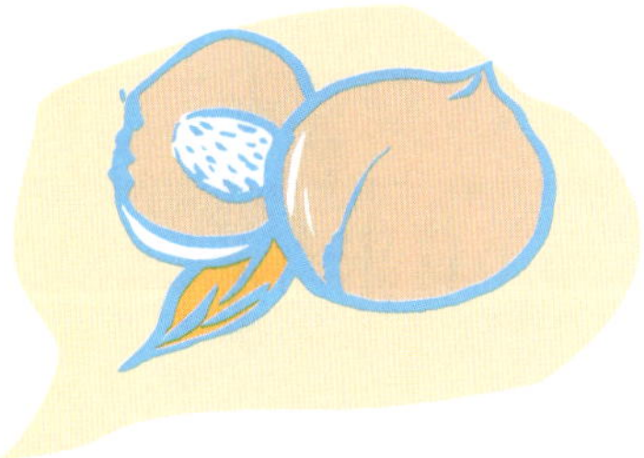

舌头：你尝到了什么？好比你描写水蜜桃，你常用________、________、________、________、________等词语；选择其中的一个或几个，把它们连成描写水蜜桃的一句话：________

____

____

身体：你触摸到了什么？好比你描写秋雨，你常用______、______、______、______、______等词语；选择其中的一个或几个，把它们连成描写秋雨的一句话：______

______

______

心里：你的内心感受到了什么？好比你描写蚊虫的叮咬，你常用______、______、______、______、______等词语；选择其中的一个或几个，把它们连成描写遭受蚊虫叮咬的一句话：______

______

______

参考答案见《想想办法吧！爸爸——一开始就做对，胜过一辈子的弥补》中的《作文的“外功”与“内功”》一文。

任务清单

了解家族成员，尝试做一个“家谱”

逢年过节，总会在饭桌上遇到七大姑八大姨等众多亲戚，一口一个叫得亲热，可你真的熟悉他们吗？很多亲戚，往往一年才能见上一次面，你知道 TA 是谁，却又说不准 TA 在家族中到底是怎样的辈分，有着怎样的地位，更别说了解 TA 的性格特点了。其实，我们身边的亲戚一个个都是极佳的写作对象，《百年孤独》写的不就是布恩迪亚家族七代人的传奇故事吗？好好了解一下你的家族成员，试着做一个“家谱”，说不定你也能写出传奇！

你和亲戚们一般什么时候见面或聚会？

□ 节假日 □ 家庭生变时

□ 日常频繁来往 □ 其他：________

你妈妈是否有兄弟姐妹？

□ 无。

□ 有，他们是________，

妈妈排行________。

你爸爸是否有兄弟姐妹？

□ 无。

□ 有，他们是________，

爸爸排行________。

请你选择两个亲戚，并记录 TA 们的基本信息：

第一位：姓名________，TA 是（妈妈 / 爸爸）一方的亲戚，是（妈妈 / 爸爸）的________，你叫 TA________，TA 年龄________，职业________，（已 / 未）婚，有________个子女，经济条件在家族中算________，TA 最明显的个人特征是________________________。

第二位：姓名________，TA 是（妈妈 / 爸爸）一方的亲戚，是（妈妈 / 爸爸）的________，你叫 TA________，TA 年龄________，职业________，（已 / 未）婚，有________个子女，经济条件在家族中算________，TA 最明显的个人特征是________________________。

通过采访父母，将剩余的“家谱”补充完整，画入下图。

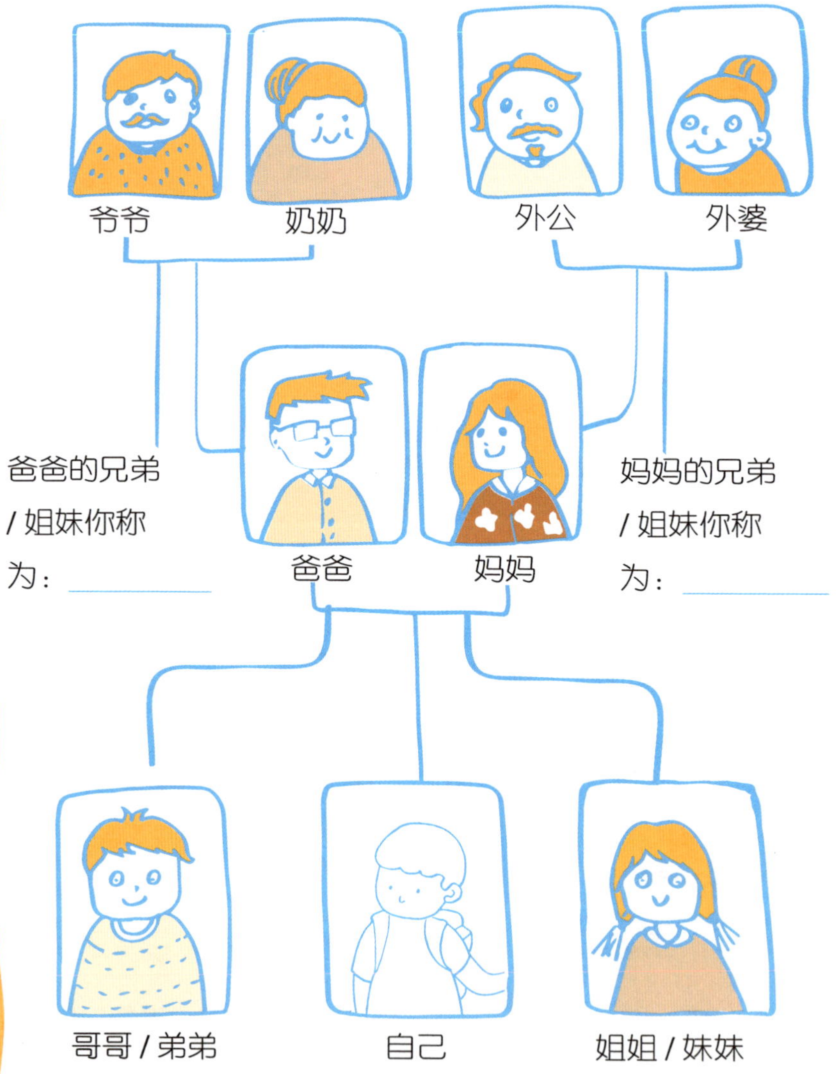

结合你补充的图，请填写：这个图共包括了______代人，我是第______代。______是家族里最年长的，TA已有______岁，主要由______照料。______是家族里地位最崇高的，因为______________________________。

______是家族里最受欢迎的，因为____________________
______________________________。

______是家族里口碑最差的，因为____________________
______________________________。

______是家族里最富有的，TA 成功的秘诀是__________
______________________________。

另外可选取的代表人物：______是家族里最______的，因为______________________________。

请你用一句话表达你对你们家族的感情。

____

____

我的作文笔记区

立意选择：

□ 体现家族的发展和变迁。

□ 反思不同境遇下亲人的思想、观念的区别。

□ 表达对亲情的感悟。

□ 其他：________________

你将详写的家庭成员是谁？请先写下他们的名字：______，然后用一个词语概括出他们的性格特点：

____

题目：

现在，给你的作文拟一个题目，并开始写作吧。

任务清单

调查一个明星大红的原因

中学阶段，苦于应付沉闷、单调的学习生活，有些同学在课余会去“追星”。如今的娱乐圈也确实为大众制造了非常多样的偶像类型：有 TFBOYS（加油男孩）这样走励志少年路线的，有鹿晗、杨洋这样走精致美男路线的，也有黄渤这样靠演技和作品说话的。当然，娱乐圈之外，教育圈、学术圈、文学圈等各种圈子里都有明星，这些五花八门的名人，有你喜欢的吗？你了解过 TA 吗？TA 走到今天，大红的原因是什么？这次，给你一个合情合理的“追星”机会，把 TA 大红的原因调查清楚，写成一篇作文。

你有喜欢的明星吗？若有，请写下 TA 的名字。若没有，请选择一个你认为值得探究的人。

□ 有。名字是________。

□ 没有。但我挺想去了解________的成名史。

TA 是哪个圈子的？

□ 娱乐圈（演员、歌手等）

□ 教育圈（明星讲师、明星校长、明星教授等）

□ 文学圈（著名作家、写手、编辑等）

□ 财经圈（著名企业家、投资人等）

□ 其他：________________

你最喜欢 TA 什么？请举出具体的例子。

□ TA 的才华和作品。TA 的代表作有__________，最触动我的是________。

□ TA 的口碑和人品。TA 让我感到________。

□ TA 的颜值。请贴上 TA 的照片

□ 其他：__________

____

TA 一开始就在目前所在的圈子吗？

□ 是的。______年，通过______的方式进了这个圈子。

□ 不是。TA 曾从事__________，直到__________年，通过__________的方式进了这个圈子。

TA 的成名方式是哪一种？

□ 一夜成名型。成名事件：______________________

□ 励志奋斗型。入圈以来，TA 已累计打拼_____年，经历了____年默默无闻的时光，比如（请列举具有代表性的打拼事件）____

______________________，直到____年____月，TA 在唱 / 演 / 遇到 / 发现 / 做出 / 完成 / 写下了__________________后，终于红了起来。

□ 顺风顺水型。入圈以来，因为______________________，TA 被大众熟知。

□ 其他（按照上述几种方式进行归纳）：_______________

____

____

____

____

你认为 TA 大红主要靠的是什么？

□ 靠实力、才华　　□ 靠外表、关系

□ 靠运气、时机　　□ 其他：______

了解 TA 大红的原因后，你对 TA 的看法有发生变化吗？

□ 没变化。我早已知道 / 不难料到这个原因。

□ 有点变化。本来我______TA，现在有点______TA 了，因为______。

□ 有很大变化。本来我______TA，现在非常______TA 了，因为______。

如果有机会与 TA 对话，你最想跟 TA 交流什么话题，或最想对 TA 说的一句话：

______

______

我的作文笔记区

立意选择：

□ 通过探究明星“大红的原因”，对比自己的成长，得出感悟。

□ 通过探究明星“大红的原因”，揭露社会现实，发出理性的批评或赞美。

□ 通过探究明星“大红的原因”，讨论、剖析明星的作品 / 思想，表达对 TA 的喜爱或批评等。

□ 其他：____________________

你会如何布局：

□ 前半 / 后半部分集中讲清楚明星的大红经历，后半 / 前半部分写自己的所思所想。

□ 把明星的经历放在全文中间，开头和结尾写自己的想法。

□ 把有关素材穿插在全文各处，并将素材和感想结合起来。

题目：

现在，给你的作文拟一个题目，并开始写作吧。

任务清单

做一个恐怖盒子，并观察人们的表情

你玩过“恐怖盒子”吗？如果看过《快乐大本营》之类的综艺，你一定知道这个游戏：桌上放一个密闭、不透明的盒子，里面装着活的小动物或奇怪的道具，嘉宾要伸手去摸里面是什么……面对未知，每个人都会本能地产生恐惧，观众最喜欢看的也正是探险者夸张的表情或情绪反应。你也可以尝试做一个让人猜不透的恐怖盒子，观察不同的人在面对恐怖时产生的不同反应，做好观察记录，一定能据此写出有趣的作文来。

你用何种原料来做恐怖盒子？

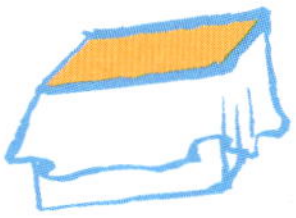

□ 旧的泡面纸箱、快递用的包装纸盒等现成的盒子

□ 塑料桶、塑料盒等一些敞口式的容器，上面盖一块布

□ 简单用一只深色、窄口、可容手臂伸入的塑料袋

□ 其他：________________

你计划在盒子里放什么？

□ 活体小动物（如小白兔、乌龟、仓鼠等），我放了________

□ 各类玩具（毛绒玩具、电动玩具、自制的恐怖玩具等），我放了________

□ 各类植物（带刺的、带果实的、盆栽的……），我放了____

□ 软体物料（橡皮泥、气球等），我放了________

□ 其他：________________

你是如何营造恐怖效果的？

____

____

你首先选择的实验对象是谁？______________

为什么选 TA？______________

在不同阶段，对 TA 脸上的表情变化做好观察记录：

（一）手伸入盒子，探到物体前。

额头

□ 微微紧绷　□ 明显皱起，挤出纹路

□ 变化不大　□ 其他：______

眉毛

□ 紧皱，像两条小蚯蚓般凸起　□ 不自然地上提

□ 往中间挤成八字眉　□ 其他：______

眼睛

□ 眼珠向上，避开盒子　□ 紧紧闭着双眼

□ 眼珠不断转动，透着好奇与紧张　□ 其他：______

鼻子

□ 鼻梁上皱起细细的纹路　□ 鼻尖泛红

□ 其他：______

嘴巴

□ 紧紧抿着　□ 鼓成一个气囊

□ 不自然地张开，表达紧张与害怕之感

□ 双唇翕动，自说自话

□ 其他：______

（二）手伸入盒子，探到物体时。

额头：__________　眉毛：__________

眼睛：__________　鼻子：__________

嘴巴：__________

请概括 TA 的表情特点：

□ 大起大落的表情变化，如从紧张到如释重负，从期待到失望，从好奇到恍然大悟，等等。

□ ______与______等多种情绪交织的混合表情。

□ 从头到尾都波澜不惊，缺乏起伏的表情。

□ 其他：____________________

你还请了哪些人做实验？

____

请按照上述步骤做好记录，汇总后得出以下结论：

____的表情最夸张，____的表情最好笑，____的表情最平淡，____和____的表情最相似，尤其是________部位，都表现为________。你观察下来，最大的感受是________________________。

我的作文笔记区

立意选择：

□ 传达生活小乐趣带来的欢乐与美好。

□ 思考朋友之间的信任、交往问题。

□ 传达对恐怖盒子游戏的赞叹和感想。

□ 其他：________________

细节描写：

刻画“表情”对成熟作家来说也非易事，你会如何有效运用前面提到的要素把表情写好？

□ 不一定把各要素全部用到，每个人都写其中几个有代表性的部位即可。

□ 每个要素都用到，但写的时候，有些详写，有些略写。

□ 描写几个人都要涉及同一个表情元素，通过对比进一步凸显表情的特点。

□ 其他：________________

题目：

现在，给你的作文拟一个题目，并开始写作吧。

任务清单

收养一只动物，并记录它的吃喝拉撒睡

人与动物都是大自然的“成员”，善待动物是我们应尽的义务，也是人与自然和谐相处的捷径。如果条件允许，不妨领养一只动物吧。或许，它并不知道它是谁，来自哪里，但它会因为你的爱心、责任心而重新感受到生命的意义。

你在哪里收养的这只小动物？______________________

它是一只________，你初次见它时，它的样子：__________

____

你为什么想要收养它？

- □ 可爱
- □ 早就有养动物的打算
- □ 同情
- □ 其他：______________

你带它回家时，它有什么表现？

- □ 警惕，具有攻击性。表现：______________________
- □ 欢迎你，喜欢你。表现：______________________
- □ 害怕，但允许你靠近。表现：____________________

你给它取了一个怎样的名字？

____

名字的寓意：____________________

全家人对此有什么反应？

爸爸：____

妈妈：____

其他：____

现在，请你记录下它的生活习性。

吃

它最喜欢吃的食物是__________，你给它喂这个食物时，它的表现：

- □ 乖乖地等着食物
- □ 迫不及待地抢食物
- □ 撒娇似的要食物
- □ 其他：__________

根据上述方法，列举它最讨厌的食物并说明原因：

____

____

玩

一起散步时，它会：

- □ 紧跟着你
- □ 自己先跑远，再停下来回头望你
- □ 完全不管你
- □ 遇到食物或好奇的就停下来
- □ 其他：__________

你听得懂它的叫声吗？比如撒娇、生气、讨食物等时候，它的叫声是怎样的？请列举至少三项进行说明。

____

____

它玩得高兴时会有什么招牌动作？

____

住 它在你家有自己的小窝吗？如果有，它的小窝是什么样的？

□ 买的小窝，样子：________________

□ 鞋盒子等物品，样子：________________

□ 你自己做的，方法：________________

它的睡觉姿势如何？会不会翻身？睡着了嘴里还会发出声音吗？

____

____

教 它身上有哪些坏习惯是你或你的家人无法忍受的？

□ 随地大小便　□ 偷吃食物　□ 翻箱倒柜

□ 叼走东西　□ 咬伤人　□ 夜不归寝

□ 其他：________________

你是如何训练它的？请写下详细步骤和成果。

____

____

____

我的作文笔记区

立意选择：

□ 表达和这只动物的情感。

□ 借动物展现一家人不同的个性和其乐融融的画面。

□ 呼吁大家爱护动物、落实行动。

□ 其他：__________

请将你选择的立意阐释具体些：__________

你会重点刻画以下哪些内容：

□ 我和动物的交往过程。

□ 一家人和动物的不同相处模式。

□ 想象被收养前动物的遭遇。

□ 其他：__________

题目：

现在，给你的作文拟一个题目，并开始写作吧。

任务清单

在愚人节前夕，设计一个愚人计划

愚人节是 19 世纪在西方兴起的民间节日，虽然它还没被任何国家列为法定节日，但喜欢开玩笑的人们总能把它过得有声有色。这么好的一个写作素材放在这儿，为什么不趁着玩乐的机会，把它记录下来，用到作文里面呢？今天就把愚人节计划提前拟好，用作文的方式，为下一个将要到来的 4 月开一个有趣的头吧！

你所在的学校或班级有过愚人节的传统吗？

□ 有，学校或班级还会组织主题活动。

□ 有，学校不组织，但班级会有一些自发的活动。

□ 基本没有活动或话题讨论。

你每年都过愚人节吗？节日那天，你扮演一个怎样的角色？

□ 每年都过，是整蛊者。

□ 每年都过，是被整者。

□ 每年都过，整蛊和被整的经历都有。

□ 看别人过，自己热情不高，有过被整的经历，绝不会主动去整别人。

□ 其他：________________

你印象最深的一次愚人节经历是什么？

（无须亲身经历，别人的也可写）

日期：________ 地点：________ 人物：________

整蛊事件（起因、经过、结果）：

起因：________________

经过：________________

结果：________________

这个整蛊计划还可以如何改进，使它变得更好玩？

请你为愚人节设计一个愚人计划：

□ 直接将上述方案改进后付诸实践。

□ 上网搜索一些愚人游戏，活学活用。

□ 其他：

这个愚人计划需要用到的道具有哪些？

这个愚人计划的友善度和适用范围分别是多高和多大？

□ 友善度很高，适合整所有人。

□ 友善度较低，只适合整熟人。

□ 其他：

这个愚人计划最终执行需要多少人一起完成？

□ 独自一人

□ 一个小伙伴帮我

□ 两个小伙伴帮我

□ 三个及以上小伙伴帮我

这个计划最终成功实施了吗？

□ 成功，全部中招，无人识破。

□ 算成功，有______人中招，有______人识破。

□ 太失败了，无人中招，全部识破。

中招的同学有怎样的反应？

□ 生气、失望，没想到你是这样的人。

□ 恍然大悟，无奈一笑，笑骂几句就过去了。

□ 其他：______

识破的同学有怎样的反应？

□ 幸灾乐祸，笑话别的中招同学。

□ 不以为然，还嘲笑你的创意老掉牙。

□ 其他：______

这个计划在策划和实施过程中是否遇到了什么难题？你是如何解决的？

难题：______

解决方案：______

______

请描绘你在这个过程中的心态变化。

______

我的作文笔记区

立意选择：

□ 通过愚人节活动，描写一个人物（老师、同学、家长等）。

□ 通过愚人节活动，描写班级故事。

□ 以旁观者角度，表达自己对愚人节的思考。

□ 其他：________________

请将你选择的立意阐释具体些：________________

试着在文中多设置一些变化：

□ 人物情绪不断变化。

□ 整蛊过程意外连连。

□ 倒叙的方法描写一个局中局：________________

题目：

现在，给你的作文拟一个题目，并开始写作吧。

任务清单

给自己的家庭取一个名字

给自己的家庭取名字是一门学问，既要考虑名字的音韵美感，还要注重名字的文化内涵。

给自己的家庭取名字有什么要求呢？一是要好念好记，家庭成员易于接受；二是要有雅致的品位，富有审美情趣。

怎样才能给自己的家庭取个好名字呢？可以从家族的姓氏入手，取一个大气端庄的名字；可以根据家人的兴趣爱好，取个萌趣可爱的名字；还可以依循家庭成员的共同愿景，取个温暖励志的名字……

你有没有为自己的家庭取一个名字的经历？如果有，你在取名字的过程中经历了哪些难忘的事情？如果没有，现在就请你行动起来吧！

你想通过给家庭取名字达到怎样的目的？

- □ 增进家庭成员之间的感情
- □ 彰显家庭文化内涵
- □ 提高生活品位和审美情趣
- □ 参加亲子比赛需要
- □ 其他：______

为了取名字你做了哪些方面的努力？

- □ 查阅字典　□ 询问他人
- □ 网络论坛发帖
- □ 研究明星团体的命名
- □ 研究家族族谱　□ 其他：______

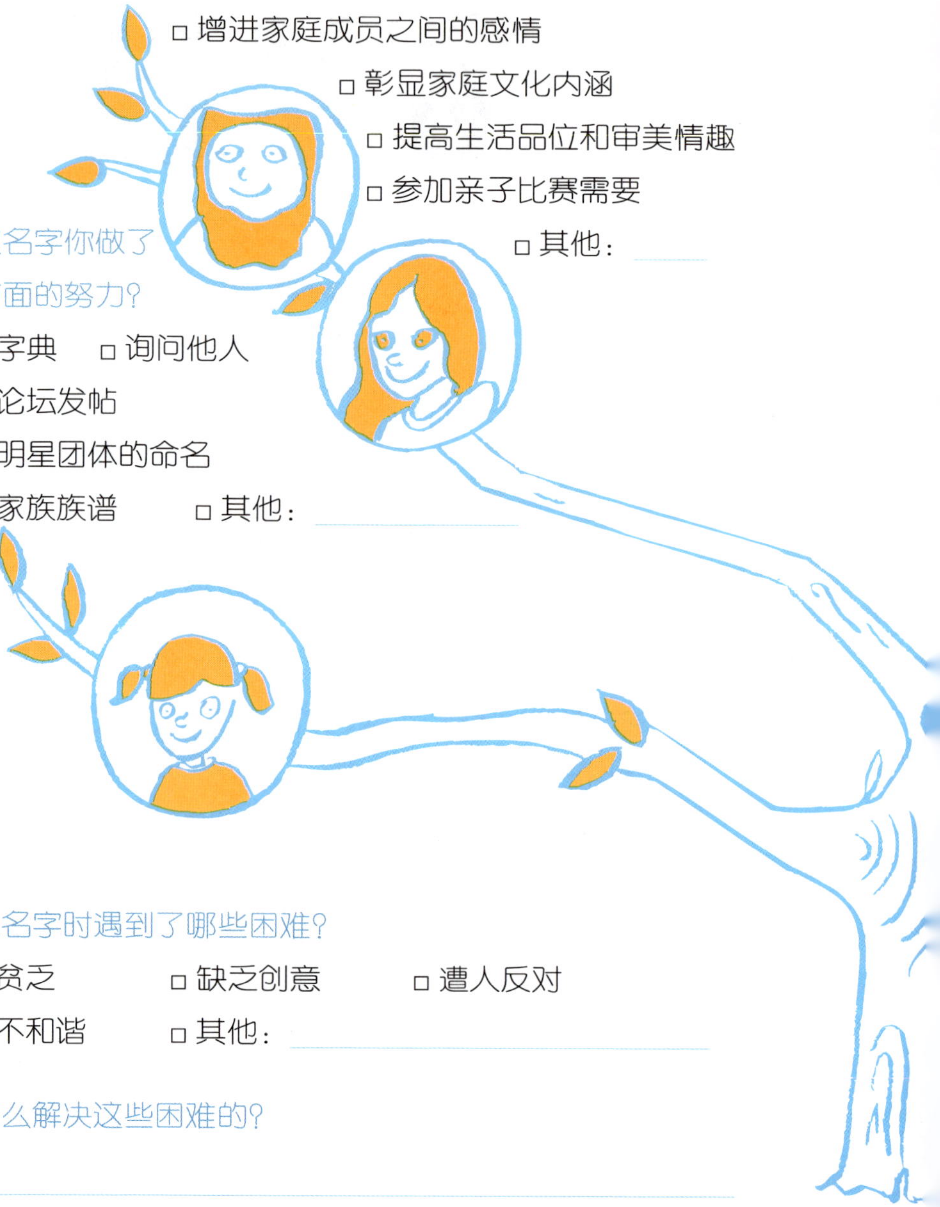

你在取名字时遇到了哪些困难？

- □ 词汇贫乏　□ 缺乏创意　□ 遭人反对
- □ 音韵不和谐　□ 其他：______

你是怎么解决这些困难的？

______

最终你给自己的家庭取了个什么名字？

____

____

你是在什么时间取出这个名字的？

□ 睡觉前

□ 课间

□ 上网时

□ 看书时

□ 其他：__________

你是在什么地方取出这个名字的？

□ 教室　　　□ 公园

□ 书房　　　□ 餐厅

□ 其他：__________

你取这个名字的灵感主要来自哪里？

□ 家庭成员名字首字母组合

□ 诗词佳句

□ 综艺节目中明星团队名字

□ 影视作品

□ 其他：__________

你赋予了这个名字哪些特别的含义？

- □ 暗示了家人的性格特征
- □ 展示家庭成员共同的兴趣爱好
- □ 象征家庭的精神品质
- □ 铭记家族中最有意义的纪念日
- □ 其他：

大家怎么评价你取的这个名字？

- □ 有创意
- □ 文化韵味浓
- □ 时尚前卫
- □ 老套
- □ 风趣幽默
- □ 其他：

取好名字后，你通过什么方式公布这个名字？

- □ 当面告诉父母
- □ 在网络上发文章注解名字含义
- □ 修改家庭微信群名片
- □ 发朋友圈告知
- □ 其他：

在取名字这个过程中你获得了怎样的体验和感悟？

我的作文笔记区

立意选择：

- □ 具体叙述“取名字”这件事的前因后果。
- □ 聚焦取名字的场景，突出家族人物特点。
- □ 从“取名字”这个行为看文化的变迁。
- □ 解读“名字”的文化内涵。
- □ 其他：________________

请将你选择的立意阐释具体些：________________

你在这篇文章中，准备详写哪些内容？

- □ 一家人讨论的场景。
- □ “我”为取名字努力的场景。
- □ 突出一个不得不取名字的原因。
- □ 一个名字引起的一连串的“效应”。
- □ 其他：________________

题目：

现在，给你的作文拟一个题目，并开始写作吧。

任务清单

预言一个奇葩职业的诞生

随着科技的发展，人们的生活方式在不断改变，各种各样奇葩的职业也随之诞生。比如，随着经济水平提高，人们外出旅游的需求不断增加，于是提高大家旅游品质的酒店试睡师应运而生了。又比如，随着人们工作节奏的加快，陪伴家人的时间越来越少，于是有了“遛娃师”。还有通过嗅觉来判断消化道是否健康的“闻屁师”，为宠物狗试吃狗粮的“狗粮品尝师”，以及应对蚊虫的“引诱师”，等等。下面，请根据你的观察和发现，大开脑洞，预言一个奇葩职业的诞生吧！

给这个奇葩职业取一个名字：

____

你认为它会在哪一天诞生：

________年________月________日

这个职业属于什么类型？

□ 研究型　　□ 艺术型　　□ 事务型

□ 经管型　　□ 社交型　　□ 其他：________

你认为它诞生的原因是什么？

□ 缓解人们的焦虑

□ 提高人们生活的品质

□ 避免资源浪费

□ 某新兴行业的衍生物

□ 其他：______________________________

你认为它为什么奇葩？

____

____

____

请为这个职业拟一个招聘启事：

招聘

广告语：________________

招聘岗位：________________

学历：________________

年龄：________________

要求：________________

薪资待遇：________________

请你具体描述这个职业：

服务对象：________________

工作内容：________________

外界对这个职业的需求：________________

____

请为该职业设计职业装，并结合职业特点对设计进行说明。

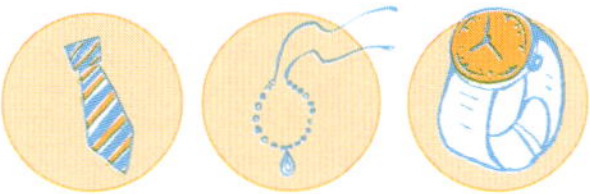

是否有配饰？

□ 有，它是________

□ 没有

衣服的设计说明：

面料：________

图案：________

款式：________

女士的下装：

□ 裙　　□ 裤

原因：________

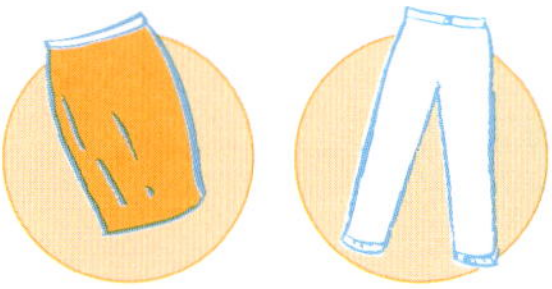

下装的设计说明：

面料：________

图案：________

款式：________

鞋子搭配：

____

____

我的作文笔记区

立意选择：

□ 借预言奇葩职业，表达对亲人的思念。

□ 借预言奇葩职业，展现社会的发展。

□ 借预言奇葩职业，表达自己惩恶扬善的正义感。

□ 其他：________

请将你选择的立意阐释具体些：________

你将在写作中重点突出：

□ 职业的“奇葩”。

□ 该职业对人类社会的影响。

□ 其他：________

题目：

现在，给你的作文拟一个题目，并开始写作吧。

任务清单

研究你所在地的方言文化

方言可能是我们来到这世上最先接触到的文化，它在客观上保留了家乡独特的语言体系和民俗传统，主观上又成为漂泊他乡的旅人温暖的精神指引和心灵皈依。随着城镇化的加速、普通话的推广，以及全球化影响下对英语学习的日益重视，保护方言、传承方言的意识正在不知不觉变淡。任其发展，不仅会损害方言文化的多样性，还会让人失去精神之根。每天讲着普通话的你，是否意识到了这些问题？这一次，尝试研究你所在地的方言文化，把所学、所感写成一篇作文。

你会讲方言吗？

□ 会，而且讲得很地道。

□ 会，讲得还算地道，但少许表达要借助普通话。

□ 会，但不地道，不过听懂没问题。

□ 不会，我不会讲方言，顶多能听懂一些。

□ 不会，我既不会讲，也听不懂。

你的方言是和谁学的？

□ 家人。从小耳濡目染，熏陶而成。

□ 从亲戚 / 同学 / 朋友那里学的。

□ 看地方电视台的方言、民生类节目学的。

□ 其他：＿＿＿＿＿＿＿＿

你所在地的方言属于哪一个语系？

□ 北方话，以北京话为代表的汉族共同基础方言。

□ 吴语，又叫江浙语，以上海话为代表。

□ 湘语，也称湖南话，以长沙话为代表。

□ 赣语，也叫江西话，以南昌话为代表。

□ 闽南话，以厦门话为代表，分布于闽、粤一带和台湾大部分地区。

□ 粤语，也叫广东话，以广州话为代表。

□ 其他：＿＿＿＿＿＿＿＿

做咩呀

相比该语系的代表方言，你所在地的乡音有哪些不同？以举例形式说明区别（语音语调可用声调符号示意）。

□ 音调语气、字词组合甚至含义等都有所不同。

具体如________________

用普通话说，是________________

用代表方言说，是________________

用我的家乡话说，是________________

□ 音调语气、字词组合、含义中有部分不同。

具体如________________

用普通话说，是________________

用代表方言说，是________________

用我的家乡话说，是________________

□ 音调语气、字词组合和含义基本相似，没有变化。

具体如________________

用普通话说，是________________

用代表方言说，是________________

用我的家乡话说，是________________

想探究造成上述区别的原因，你会采取何种手段？

□ 向网络求助　　□ 向书籍求助

□ 向身边人求助　　□ 向专业人士求助

□ 向组织机构求助　　□ 其他：______

有无专门的文学作品或学术著作是关于你所在地方言文化的？

□ 无

□ 有，书名：《______》，作者：______

出版时间：______，主要内容：______

______

______

你所在地的方言形成可追溯至______年，经历了______次演变。你所在地方言的使用人数约______。

你所在地的方言，目前的整体传承状况如何？

□ 传承良好，方言文化完整。

□ 传承一般，方言文化只局限于部分本地人，普通话、外来语侵入明显。

□ 传承不好，方言文化岌岌可危。

你认为为什么会出现上述状况？

____

现在，任命你为家乡方言的宣传大使，请你为之写一段广告词。

____

我的作文笔记区

立意选择：

- □ 通过方言记录家乡的发展变迁。
- □ 通过方言表达对乡音传承的忧思。
- □ 通过方言表达自己对传统文化的热爱与赞颂。
- □ 其他：______

请将你选择的立意阐释具体些：______

______

“方言文化”是个略显深奥的话题，请你为作文拟一个轻松的开头：

______

用一些有趣的方言开场，吸引眼球：______

引用一些和方言有关的典故、诗句，自然切入：______

______

题目：

现在，给你的作文拟一个题目，并开始写作吧。

______

______

______

______

第三章

“偷心盗贼”，数学大魔术师速成训练营

测一测

测一测你的逻辑思维能力

能力引导

例：小白羊、小黑羊、小灰羊一起上街各买了一件外套。三件外套的颜色分别是白色、黑色、灰色。回家的路上，一只小羊说：“我很久以前就想买白外套，今天终于买到了！”说到这里，它好像发现了什么，惊喜地对同伴说：“今天我们可真有意思，白羊没有买白外套，黑羊没有买黑外套，灰羊没有买灰外套。”小黑羊说：“真是这样的，你要是不说，我还真没有注意这一点呢！”你能根据它们的对话猜出小白羊、小黑羊和小灰羊各买了什么颜色的外套吗？

解题思路

本题要用排除法。根据第一只小羊的话，买白外套的一定不是小白羊，只能是小黑羊或者小灰羊，但根据小黑羊的话可知，刚才说话的一定是小灰羊，那么小灰羊一定买了白外套。小黑羊没有买黑外套也不能买白外套，就只能买灰外套。那么，小白羊买的就是黑外套。

能力流程
1 阅读
逻辑推理类型的题目字数较多，需要仔细阅读题目
2 筛选
筛选已知条件
3 排除
按逻辑的方法排除错误信息，分离出正确信息
4 挖掘
将隐蔽信息挖掘出来
5 论述
综合分析，得出结论
good

能力测试

1. 7 个女孩平分 2 个比萨饼，3 个男孩平分 1 个比萨饼。每个女孩和每个男孩，谁分到的更多？（请放弃计算，用一些特别的方法来说明）

你的回答：

2. 湖里种植了一株睡莲，此后睡莲的面积每天增加一倍。假如 30 天后这个湖面被这株睡莲的子孙盖满，整个湖里的其他物种将因窒息、缺少空间和食物而死亡。那么睡莲覆盖一半的湖面需要多长的时间？覆盖 3% 的湖面大概需要几天的时间？

你的回答：

3. 有两个犯人同时被抓，如果两人能都坦白，就各判刑期 5 年；如果一人坦白，就判该人 1 年刑期，另一个人 10 年；如果两人都不坦白，就各判 3 年。两人无法沟通，他们经过挣扎考虑后，都坦白了，都获得 5 年刑期。请问：他们为什么要这样选择呢？

你的回答：

4. 华山顶上有个道士在日出前离开道观，步行去山下办事儿。自古华山一条路，有些路段相当陡峭，道士走得相当小心，他会在日落前不久抵达山下目的地。第二天早上，他原路返回，还是在日出前动身。虽然是上山，相较下山要费体力得多，但爬过山的人都知道，上山容易下山难。所以他回到道观的时间还是在日落时分。请问：他会不会在前后两天中的同一时间点经过这条路上的同一个地点？

你的回答：

5. 设有红酒和白酒各一杯，两杯分量相同。现从白酒杯中舀一勺白酒放入红酒杯中，调匀后又舀回一勺放入白酒杯中。请问白酒杯中所含红酒是否少于红酒杯中所含的白酒？

你的回答：

注：参考答案见《想想办法吧！爸爸——一开始就做对，胜过一辈子的弥补》，1、2题答案参见第五章的《逻辑思维能力——笨不可怕，思维混乱比较可怕》；4、5题答案参见第五章的《数学，不是重要，而是太重要了》。

训练营

大魔术师速成训练营

测测你的思维是“逻辑型”还是“直觉型”。

题目如下：

9　72　8　56　7　42　6　30

5　20……　3　______　2……

横线上应该填多少呢?

若“9”代表你是“逻辑型”思维，若“6”则是“直觉型”思维

通过数学，你可以开发出许多让亲朋好友目瞪口呆的神秘戏法，变身成为一名魅力无穷的魔术师，下面让我们一起来见证奇迹——

魔术一：读心术！

找个亲友，比如妈妈，然后压低声音故作神秘地告诉她，你学会了读心术，可以轻易看穿她心中所想。看着妈妈似信非信的表情，你决定用铁一般的事实来证明，你的读心术决非浪得虚名。

第一步：请妈妈在心中随便选定一个数字。

第二步：把这个数加倍。

第三步：加上数字 18。

第四步：除以 2。

第五步：减去一开始选择的那个数字。

在妈妈完成上列步骤并算出得数后，请你盯着妈妈的眼睛，口中念念有词，施展读心术，然后不慌不忙地在一张草稿纸上写下最终结果“9”，并递给妈妈，就等着看她大吃一惊的表情吧！

为了不让妈妈质疑你“碰运气”，和妈妈多玩几次吧！每当她选定一个数字，重复上面的步骤时，为了不让妈妈看穿你的把戏，你可不断将步骤三改为“加上 34”或“加上 126”或“加上 364”……然后在纸上，分别写下妈妈计算后最终的结果“17”或“63”或“182”……

哈哈，看着妈妈不可置信与困惑的表情，你是不是非常得意？

作为魔术师的你，可能已隐隐约约知道读心术的规律——不管你最初选定的数字是多少，最终的答案是步骤三中加上的数字的一半。那么读心术究竟是怎么一回事儿？我们一起来研究一下。

魔术揭秘

不难发现，步骤二的说法其实就是乘以 2，与步骤四的除以 2，正好抵消。所以，请你来揭示这个魔术的秘密吧。先假设妈妈在心中选定的数是 n，第三步加上的数字是 m，把魔术的每一步用抽象的数字和公式表示出来——

第一步：n

第二步：$2n$

第三步：$2n+m$

第四步：$n+m/2$

第五步：$m/2$

哇，你真了不起，这么轻松就破解了魔术师的读心术。原来只需要一点点算术知识，一个小孩子就能破译魔法的奥秘。

魔术二：读心术 2

你可能会说，上面那个哪里叫读心术，叫妈妈想一个数字，结果游戏跟这个数字毫无关系！有点偷梁换柱的感觉！好吧，我承认，下面教你一个真正的读心术。

读心术，多半都是从让别人想一个数字开始。

第一步：请你的朋友在心中选定一个数字。

第二步：加 2。

第三步：乘以 5。

第四步：加上 15。

第五步：乘以 2。

请朋友告诉你，他计算的最终结果，比如 230。（答案肯定是以 0 结尾，如果不是以 0 结尾，那就是朋友算错了！）然后，请你把最终得数中的 0 去掉，再减 5，即 23–5，结果 18 就是朋友最初选定的数字！

当你告诉朋友他最初选择的数字时，就等着看他惊讶的表情和由衷佩服的赞叹吧！

魔术揭秘

有了第一个魔术揭秘的心得，相信这个魔术当中隐藏的小把戏也难不倒你。

假设朋友最初想的数字是 n。

第一步：n

第二步：n+2

第三步：5（n+2）=5n+10

第四步：5n+10+15=5n+25

第五步：2（5n+25）=10n+50

10n+50，是朋友计算后的最终得数，当他告诉你时，你是怎么处理的？先去掉最终得数当中的 0，相当于把最终得数除以 10，得到 n+5，然后再减去 5，于是你很轻松地就得到了朋友最初想的数字 n。

看懂想通上面的魔术，运用加减乘除，你还可以设计出上百个类似的魔术。你和爸爸妈妈不妨试一试，动手动脑各设计一个读心术吧。

魔术三：几码鞋与多少岁

今天教你一个神奇的算式，不用测量和打听，只需三步计算，你就可以知道全班每个同学穿多少码的鞋子和他们的年龄。

第一步：请同学用他的鞋码数字乘以 5，再加 50。

第二步：将结果乘以 20，再加 1020。

第三步：再减去代表同学出生年份的四个数字。

待同学计算完成后，他们会得到一个四位数，你每看一个同学的计算结果，就可以报出该同学的鞋码与年龄了——前两位数是鞋码，后两位是年龄。

是不是很神奇？是不是在同学面前大出风头？但作为一名有理想有追求的魔术师，我们当然不能只知其然不知其所以然，一起来探索一下吧！

魔术揭秘

要看穿这个神奇算式，其实不难，但得把第一步的鞋码乘以 5 与加上 50，分开来看。

第一步用鞋码数字乘以 5，第二步又乘以 20，就等于在鞋码数后添加两个零。

第一步加的数值 50，通过第二步乘以 20，再加 1020，便能得到今年的年份 2020。

第三步，用今年的年份 2020，减去同学的出生年份数字，就是同学的年龄。用第一步的结果加上第三步的结果，得到的四位数，显然前两位就是同学的鞋码，后两位就是同学的年龄。

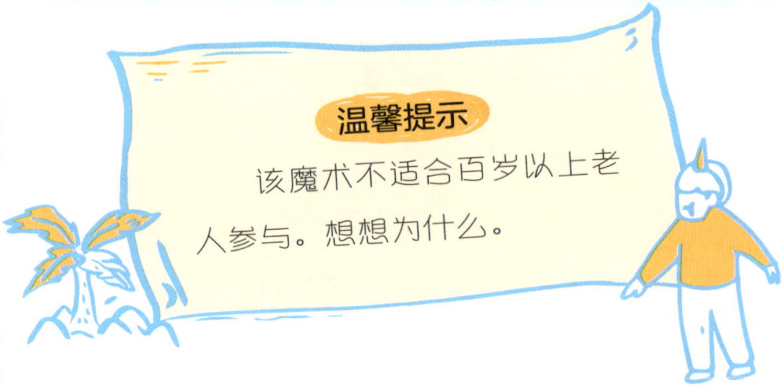

怎么样？小把戏一戳穿，你就该知道明年玩的时候你要把 1020 换成 1021 了吧！

魔术四：1089

从这个魔术开始，我们将用扑克牌和你的朋友一起来玩一些让他们百思不得其解的“高级魔术”！

准备好同样花色的 A~9（A 代表数字 1）9 张扑克，背面朝上洗乱，然后依照以下步骤开始来玩扑克魔术。

第一步：请你的朋友抽出三张扑克牌。

第二步：用三张牌上的数字组成最大的三位数和最小的三位数（比如你的朋友抽出了 8、2、6 三张扑克，这三个数字组成的最大三位数是 862，最小三位数是 268）。

第三步：用最大的三位数减去最小的三位数（862-268=594）。

第四步：将得到的新三位数的个位和百位互换（594 变成 495），并将两个数加起来。

等朋友计算完成，你一脸神秘地拿出一张写着 1089 的卡片出来，大声告诉你的小伙伴，其实，你早就知道他的计算结果是 1089。

扑克魔术不像前面的魔术，那么容易就被你破解了！它需要你拥有更加出色的数字抽象思维能力，才能如福尔摩斯般，从一些蛛丝马迹中发现它的真相。

魔术揭秘

为什么你能够从一开始就知道计算结果是 1089 呢？

从 A~9（A 代表数字 1）9 张扑克牌中任意抽出三张牌，这三张牌的数字肯定互不相同，也就是说最终组成的三位数，它的百位、十位、个位的数字都不同，不会出现 996、222 这样的数字。

假设抽出的三个数字分别是 a、b、c，这三个数字的大小关系是 $a>b>c$。因此我们可以得到最大的数字是 $100a+10b+15^{\circ}$ ，最小的数字是 $100c+10b+a$。

那么，最大的三位数减最小的三位数，可以得到：

$100a+10b+c-(100c+10b+a)$

$=99a-99c$

$=99(a-c)$

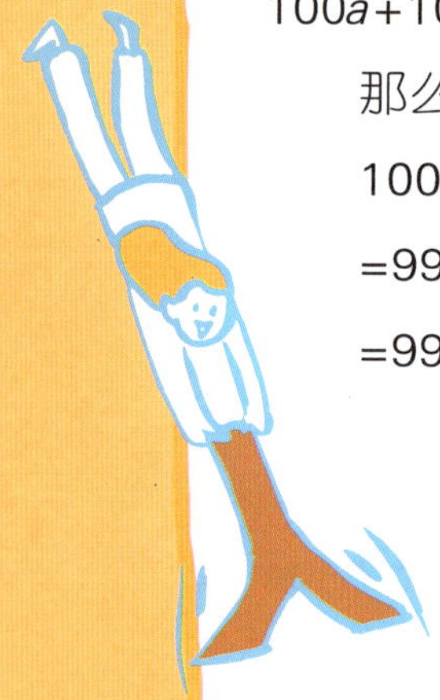

认真研究 $99(a-c)$ 这个数字，因为 $a>b>c$，且 a、b、c 为 1~9 之间的数字，故 $a-c$ 可能为 2、3、4、5、6、7 或 8。

那么，两个三位数的差便只可能是下面数字中的一个：

198、297、396、495、594、693 或 792

以上数字，通过简单计算，不难发现，它们与各自数位颠倒之后的数字之和都是：

198+891=297+792=396+693=495+594=1089

所以，不管你的朋友抽到什么牌，经过一系列让人眼花缭乱的计算后，得出的结果始终是 1089。

魔术五：代数魔术

下面这个魔术非常有迷惑性，即便你反复表演，朋友也很难看破其中的奥秘。

准备好同样花色的 A ~ 9（A 代表数字 1）9 张扑克，背面朝上洗乱，然后依照以下步骤开始来玩扑克魔术。

第一步：请你的朋友随意抽出两张扑克牌。

第二步：把两张扑克牌的牌面点数相加。

第三步：乘以 10。

第四步：加上两张牌中牌面数字较大的那个数字。

第五步：减去两张牌中牌面数字较小的那个数字。

好了，现在请朋友告诉你，他最后计算的结果，你就可以轻易地说出朋友抽出的两张牌的牌面数字啦——两张牌中牌面相对较大的数，等于最后得数的末位数加前面数位上的数，再除以 2；两张牌中牌面相对较小的数，等于你刚计算出的两张牌中相对较大的数减去最后得数的末位数。

比如朋友完成前面五步后，最后的得数是 115，那么两张牌中较大的数等于（5+11）/2=8；两张牌中较小的数等于 8−5=3。

魔术揭秘

这是一个基于代数原理的数学魔术。想要搞清楚它的秘密，我们先设最初抽出的两张牌的牌面数字分别是 x 和 y，并且 $x>y$，然后根据魔术的步骤一步一步来揭秘。

第一步：抽出 x 和 y。

第二步：$x+y$。

第三步：$10(x+y)$。

第四步：$10(x+y)+x$。

第五步：$10(x+y)+(x-y)$。

仔细分析第五步后的计算结果，$10(x+y)$ 的个位数必然为 0，而 0 之前的数位上的数肯定是 $(x+y)$；因为 $x>y$，且 x、y 为 1 ~ 9 之间的数字，故 $(x-y)$ 必然是一位数，也就是最终计算结果的个位数。故 $(x-y)$ 就是最终得数的个位数，而 $(x+y)$ 就是最终得数的十位和百位数。

所以，两张牌中牌面相对较大的数为：

$x=[(x+y)+(x-y)]/2$

两张牌中牌面相对较小的数为：

$y=x-(x-y)$

魔术六：神奇扑克牌

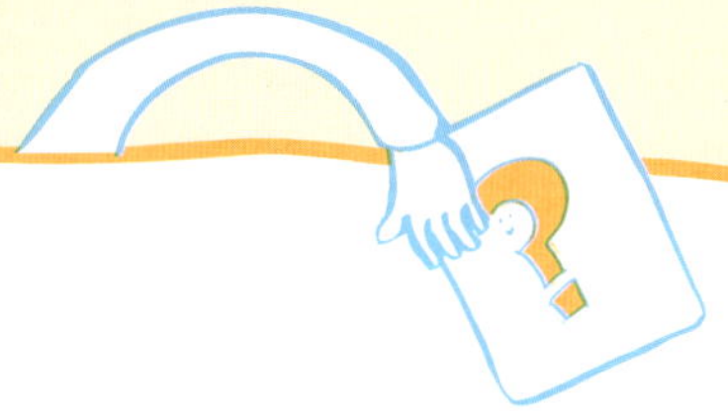

这个魔术，可是《想想办法吧！爸爸——一开始就做对，胜过一辈子的弥补》中没给爸爸讲过的。所以，你不妨邀请爸爸和你玩一玩。

准备一副扑克，完不完整都可以。剔除大小王，牌面朝下，打乱洗好。A 牌算 1，J 牌算 11，Q 牌算 12，K 牌算 13。

第一步：请爸爸从扑克牌中抽出任何一张。

第二步：把牌面数乘以 5。

第三步：如果牌是红色系的，再加 20；如果牌是黑色系的，则加 21。

第四步：乘以 2。

第五步：如果牌是红桃或黑桃，加 1。

请爸爸告诉你，他计算后的最终结果，据此你可以告诉他，这是一张什么牌。

牌面数字，去掉个位数，用剩下的数减去 4。

牌面花色，就看个位数，0 是方块，1 是红桃，2 是梅花，3 是黑桃。

比如爸爸告诉你，他计算后的最终得数是 163，说明他抽中的牌是黑桃 Q（16−4=12）；若最终得数是 90，他抽中的牌是方块 5（9−4=5）。

魔术揭秘

最后一个魔术的揭秘工作，如你所愿，当然又会让你分担一部分啦。

有了前面的经验，当然先假设爸爸抽出的牌面数字为 n。

第一步：n

第二步：______

第三步：______

第四步：______

第五步：______

牌面数字，去掉个位数，用剩下的数减去 4 的理由：______

牌面花色，就看个位数，0 是方块，1 是红桃，2 是梅花，3 是黑桃的理由：______

______

可选择两到三个小魔术，把揭秘的工作，交给孩子来完成！

第四章

思维大法，一副扑克玩转数学

考一考

考一考你的空间想象能力

能力引导

例

一张边长为 10 厘米的正方形纸片，如下图所示对折两次，再沿两边的中点连线剪掉一个角之后，那么把余下部分展开为单层纸片的面积是多少平方厘米？

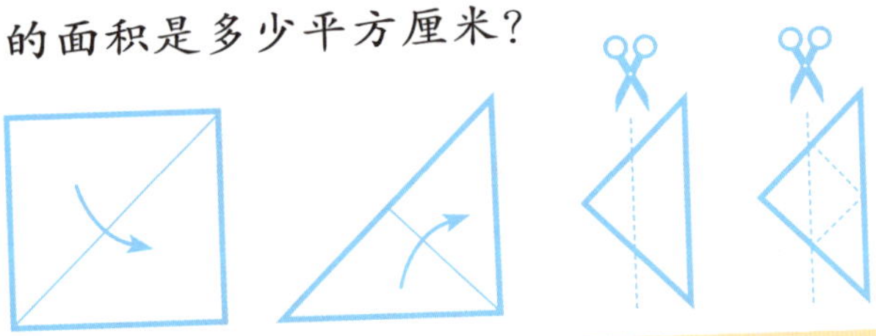

解题思路

正方形的面积是 100 平方厘米，两次对折后的 4 个大等腰直角三角形大小相等，每一个的面积都是 25 平方厘米。根据题目，再延伸想象一下——沿剪切线再次对折，不难发现，25 平方厘米的等腰直角三角形恰好由 4 个即将剪下来的小等腰直角三角形构成（等底同高），所以余下部分面积为 100−25=75 平方厘米。

能力流程

1 想

由形状简单的实物想象出几何图形，由几何图形想象出实物的形状

2 分解

由较复杂的平面图形分解出简单的、基本的图形

3 找

在基本的图形中找出基本元素及其关系

4 画

根据条件做出或画出图形，或把图形用语言文字表述出来

能力测试

1. 下面所示的图案都是用两个圆、两个三角形、两条线段组成的。请你再用它们组成一些有意义的图形吧。

限时 3 分钟

2. 如果将右图所示的长方形剪去一个角，会得到什么图形呢？你能得出几种答案？

限时 3 分钟

3. 请用至少四种方法，把一个三角形分成面积相等的四块。

4. 数学中最为著名的几何定理——勾股定理（毕达哥拉斯定理）$a^2+b^2=c^2$，它的证明方法超过 300 种，你能用分割法或构造法证明一下吗？

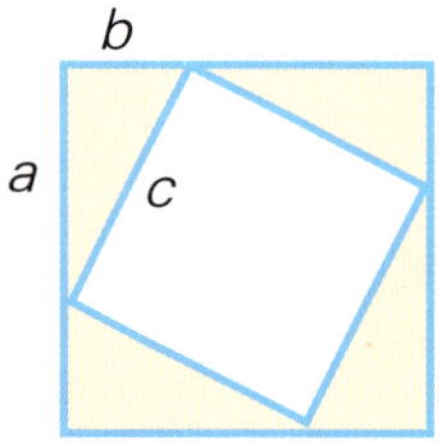

大正方形的面积等于四个直角三角形面积 $4\times(ab/2)$，即 $2ab$，加中间空白区域的面积 c^2

即：$a^2+2ab+b^2=2ab+c^2$

$a^2+b^2=c^2$

5. 你能否将圆看作比萨饼或洋葱圈，采用“切”字诀（切割法）和“拼”字诀（拼接法），来证明圆的面积公式：$s=\pi r^2$。

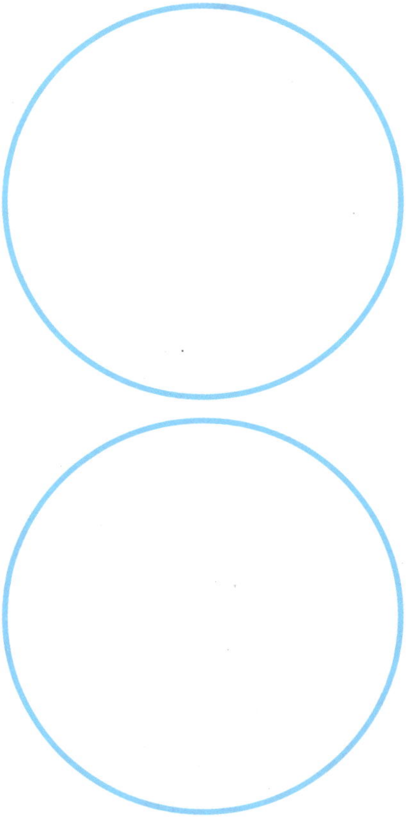

注：3、4、5题参考答案见《想想办法吧！爸爸——一开始就做对，胜过一辈子的弥补》第五章的《空间想象能力——天马行空，从扎实孩子的基础开始》。

游乐场

一副扑克玩转数学

扑克牌中的文化

我们通常见到的一副扑克牌都是 54 张，这个惯例由来已久。1392 年法国开始出现了 52 张扑克牌的模式，后来加上大、小王 2 张，演变成 54 张。之后，各国扑克牌张数都效仿法国，逐渐统一为现在的 54 张。

扑克牌中除大、小王之外的 52 张是正牌，包含两类：一类是纯数字牌，即数字 1（A）~10，共 40 张；另一类是人物牌，即 J、Q、K，共 12 张。同时，扑克牌还分黑桃、红桃、梅花、方块四种花色，每种花色都有 13 张。关于扑克牌花色的起源有着各种各样的说法，流传最广的一种是认为它们代表当时社会上的主要职业：军人、牧师、农民和手工匠人。不同国家的人们对这四种花色有不同的理解，比如法国人理解为矛、方形、丁香叶和红心，意大利人则理解为宝剑、硬币、拐杖和酒杯。

除此之外，还有一种说法认为，扑克牌的四种花色可能与天文历法有着密切的联系；一种说法又认为，扑克牌的花色和白天、黑夜有关，红桃和方块这两种红花色代表白昼，黑桃和梅花这两种黑花色代表黑夜；也有人认为，四种花色是根据一年春、夏、秋、冬四季而来的。

为什么一副扑克牌是 54 张呢？原因非常奇妙。

有人说大王代表太阳、小王代表月亮，其余 52 张牌代表一年中的 52 个星期。红桃、方块、梅花、黑桃四种花色分别象征着春、夏、秋、冬四个季节。每种花色有 13 张牌，表示每个季节有 13 个星期。

如果把 J、Q、K 当作 11、12、13 点，大王、小王为半点，一副扑克牌的总点数恰好是：

$(1+2+3+\cdots\cdots+13)\times4+0.5\times2=365$。

如果把大王、小王当作 1 点，那么扑克牌总点数是：

$(1+2+3+\cdots\cdots+13)\times4+1\times2=366$。

注意到了吗？ 365 是平年一年的天数，366 是闰年一年的天数。

这种解释并不仅仅是巧合，因为扑克牌的点数设计和天文历法本来就有着千丝万缕的联系。扑克牌是利用数字玩的游戏，变化出的玩法可以永不重复，常玩常新。

A 认识四则运算规律

抢15点

“抢15”比较简单，不需要你掌握加减乘除四则运算，只要掌握两位数的加法运算就能参与这个游戏。小游戏也有大奥秘，想要取得胜利并不简单。

把扑克牌中任意一个花色的A、2、3……9这9张扑克牌随便摆在桌子上，你和小伙伴轮流拿牌，每个人一次只能拿1张。只要一个人手中的任意3张牌的点数加起来率先得到15，这个人就获得胜利。

小提示

先考虑这9个数字怎样组合其和才是15，注意每次不能出现相同数字。总计有以下八种情况：2、7、6；9、5、1；4、3、8；2、9、4；7、5、3；6、1、8；6、5、4；8、5、2。除此之外没有别的可能了。

我们来看：假如第一次拿到5，你有4种方法组合得到15，分别是9、5、1；7、5、3；6、5、4；8、5、2。拿到4个偶数中的一个，有3种方法组合得到15；拿到除5之外的4个奇数中的一个，有2种方法可以得到15。

游戏揭秘

游戏规则听起来似乎有点抽象，我们来试玩一局。

第一轮：你先拿牌，拿了 7（除 5 之外的一个奇数）；小伙伴随后拿牌，拿了 8。

第二轮：你拿了 2，你现在手里的牌有 7 + 2 = 9 点，要是再拿一个 6，就刚好 15 点。小伙伴肯定不会让你拿到 6，他会赶快把 6 拿到自己手里。此时，小伙伴手里的牌有 8 + 6 = 14 点，这样他再拿个 A 就会取得胜利。

第三轮：你为了不让小伙伴获胜，抢先拿走 A；小伙伴之后又拿了 4，他手里有 8、6、4，桌上还有 3、5、9。

第四轮：现在，有三种可能：①你要是拿 3，小伙伴就会拿 5，凑成 4 + 6 + 5 = 15；②你要是拿 5，小伙伴就会拿 3，凑齐 8 + 4 + 3 = 15；③你要是拿 9，小伙伴拿 3 或 5，都能凑到 15。

不管怎么样，对方始终会获得游戏的胜利。为什么会出现这样的情况？这是因为你第一张牌就拿错了。

根据小提示我们知道，1~9 这 9 个数字有 8 种凑成 15 的组合，有意思的是，这 8 种组合我们都可以用下面的三阶幻方形式来表达：

4	9	2
3	5	7
8	1	6

（幻方是一种将数字安排在正方形格子中，使每行、

列和对角线上的数字相加之和都相等的方法。）

发现了吗？“抢 15”游戏和“井字游戏”是同样的原理！大家都玩过“五子棋”，“井字游戏”的玩法与它类似。棋盘的形状是一个 3×3 的九宫格，游戏的两个玩家分别把圈、叉轮流摆进 9 个格子里去，谁先将自己的 3 个棋子摆成一条直线（横、竖、斜都可以），就胜利了。

由此可见，想在“抢 15”的游戏中取胜，那么你所拿走的扑克牌就必须要符合上面这个幻方中某一行、某一列或某一条对角线的数字分布。这和在九宫格内玩“井字游戏”是同样的道理。

把刚才你输掉的那一局用“井字游戏”表现出来，看上去就简单多了，你也可以清楚地知道自己是怎么输掉的。

决胜策略

如果你是先手，你第一步最好选正中间位置的数字（中间位置的是 5）；第二步你选择四个角的位置，这样能有效地增加获胜概率；如果你是后手，对方选择任意的位置，你都选择角落的位置，然后你按上面的思路防守对方，最后就会是平局。

在玩“抢 15”游戏时，要不断计算。否则很容易因为你一时的疏忽，而让对方取得胜利。现在你知道方法啦，只要像“井字游戏”一样，考虑如何阻挡就可以了。

凑 21 点

“21 点”看似简单，但它对你解决 30 以内的加减法，却有事半功倍的效果。

“21 点”又叫黑杰克，游戏者的目标是用除大、小王之外的 52 张牌，使手中的牌的点数之和不超过 21 点，且尽量大。2 至 9 牌，按其原点数计算；J、Q、K 和 10 牌都算作 10 点；A 牌既可算作 1 点，也可算作 11 点，由玩家自己决定。开局时，由庄家按顺时针方向，依次给每一个玩家（包括庄家）发两张牌面向下的牌（暗牌），由玩家计算后决定是否继续拿牌，拿牌后有可能继续朝 21 点靠近，但也有可能超过 21 点爆牌。爆牌者淘汰，没爆牌的，最后跟庄家比大小。如果玩家手里的两张牌加起来刚好 21 点（一张 A 牌和一张 10 点的牌），这就是通吃的黑杰克。

小提示

凑“21点”，能快速提升你的计算能力，包括心算巧算、组合计算的能力。刚开始你可能是按拿牌的顺序硬加，总得花上点时间，手里拿的牌越多，越容易出错。但爸爸和妈妈总会把能“凑整”的牌放在一起相加，速度快的同时也不容易出错。

你不妨试试这种凑整法，并把这种解决问题的思维模式，逐渐从游戏迁移到数学作业之中。

游戏揭秘

凑“21点”，因A牌既可算作1点，也可算作11点，当拿到A牌时，就得思考应该把它当作哪一个点数来使用最有利。随着手中拿到的牌的变化，A牌的点数选择可能会进一步改变。这就是数学思想中很重要的分类与

假设思想。

小学有一道经典数学题：

小红家、小明家与学校处在同一条直线上，小红家、小明家离学校的距离分别是 20 千米和 30 千米，请问小红家和小明家之间的距离是多少？

这道题的答案是 50 千米或者 10 千米，就是利用分类思想得出的答案。

凑“21 点”，它的输赢最终取决于概率思想。比如，你拿到的两张牌之和是 16，还要不要继续拿下一张牌？这时，你就得去做减法——距 21 点还差几点？并分析和判断接下来拿到点数是 1、2、3、4、5 的可能性的大小，然后在靠近 21 点或爆掉的风险中做出决定。这就是概率的初始启蒙。

不仅如此，你也许还渐渐发现了游戏的规律——似乎庄家赢的次数会更多。

这跟凑“21 点”的游戏机制有关。因为庄家最后才开牌，所以他可以根据玩家的情况，再确定自己的解决方案，这就是所谓的后手优势——其他玩家在靠近 21 点和爆掉的可能性如果是各 50%，那么庄家在自己还没开牌前，就“享受”了一次一半赢的机会。即便前面的玩家“幸存”下来，庄家开自己的牌时，又“享受”了一次不要牌的红利——很有可能庄家不加牌，就比幸存玩家的点数大。即使点数不如幸存玩家，庄家也还有一次自己加牌更靠近 21 点的概率。当然赢的机会就更大！

巧算 24 点

“24 点”游戏方式简单易学，健脑益智，只要一副牌就可以练习各种数学运算，你可以和爸爸妈妈一起来玩。

将一副牌抽去大、小王，使用剩下的 52 张牌，从中任意抽取 4 张牌，用加、减、乘、除（可加括号，其中 J 代表 11，Q 代表 12，K 代表 13）对牌面上的 4 个数进行四则运算，要求最后得数为 24。注意每张牌必须且只能用一次。

如果拿到的 4 个数能算得 24，谁先算出来谁就获胜；如果拿到的 4 个数不能算得 24，就算和牌，进入下一轮。

小提示

为什么算“24 点”会成为游戏，而不是算“25 点”或者其他数呢？

因为 24 是 30 以下因数最多的整数，它有 1，2，3，4，6，8，12，24 这 8 个因数，其中 7 个都在扑克牌的点数范围内，24=1×24=2×12=3×8=4×6。一个数的因数越多，越容易成为乘除运算的结果。

游戏揭秘

想要取得“24 点”的胜利，就需要你在玩扑克牌游戏的时候燃烧脑细胞了。比如下面这个例子，用这 4 张扑克算“24 点”，你能想出 5 种以上的算法吗？

将这 4 张扑克牌左右移动？或者将各个运算符号代入算式中一遍遍试算？想要轻松取得“24 点”游戏的胜利，这里告诉你几个非常实用的小技巧。

确定最后一步

要算出 24，我们不妨好好使用“倒推法”，从最后一步往回推，最终得到整个算式。

第一种，最后一步是加法：

把 4 个数凑成和是 24 的两个加数，常用的计算模式有 $18+6=24$、$14+10=24$、$12+12=24$ 等。

比如：用 2、3、4、6 算 24 点，可以先确定最后一步是“+6”，那么余下的三个数应凑成 18，而 $(2+4)\times 3=18$，所以一种算法是 $(2+4)\times 3+6=24$；还可以是 $3\times 6+(2+4)=24$。当然，也可以根据 $12+12=24$ 的计算模式，想到另一种算法是 $2\times 6+3\times 4=24$。

第二种，最后一步是乘法：

把 4 个数凑成乘积是 24 的两个数，常用的计算模式有 $3\times8=24$、$4\times6=24$、$12\times2=24$ 等。

仍然以 2、3、4、6 为例，假设先确定最后一步是“×3”，那么另外三个数应凑成 8，而 $2\times6-4=8$，所以一种算法是 $(2\times6-4)\times3=24$。也可以想最后一步是“×4”，通过口算可以得到 $(6-3)\times2\times4=24$，或者 $6\times(3-2)\times4=24$。

第三种，最后一步是减法：

把 4 个数凑成差是 24 的两个数，常用的计算模式有 $30-6=24$、$32-8=24$ 等。

比如：用 2、3、5、6 算 24 点。可以先确定最后一步是“－ 6”，那么另外三个数应凑成 30，再由“$5\times6=30$”想到 $2\times3\times5=30$，进而得到 $2\times3\times5-6=24$；也可以分别把两个数凑成 30 与 6，即根据 $30-6=24$ 得到 $5\times6-2\times3=24$。

第四种，最后一步是除法：

把 4 个数凑成商是 24 的两个数，计算模式有 $48\div2=24$、$72\div3=24$ 等。

仍以 2、3、5、6 为例算“24 点”。可以从 $48\div2=24$ 确定最后一步是“$\div2$”，那么另外三个数应凑成 48，再由“$6\times8=48$”想到 $6\times(3+5)=48$，从而得到 $6\times(3+5)\div2=24$。当然，也可以把这种“除法”算法转化为用“乘法”计算，比如 $(3+5)\times(6\div2)=24$，用的是 8×3 这种模式。

结论：

“巧算 24 点”能极大限度地调动眼、脑、手、口、耳多种感官的协调活动，对于培养我们的心算能力和反应能力很有帮助。

B 认识奇偶数及特点

翻转扑克

很多时候，家里的扑克牌虽多，但没有一副是完整的！但别慌，你不需要用一整副扑克牌的54张，只要其中几张就能玩出许多花样。比如翻转扑克。

将7张扑克正面朝上放在桌上，请你的小伙伴把它们全部翻成反面朝上，每次必须同时翻4张牌。如果你的小伙伴能在规定时间（比如5分钟）内翻转成功，就送他一个小礼物吧。

小提示

我们先把问题简单化，如果桌面上只有一张正面朝上的扑克牌，现在要求你把它翻成反面朝上，你只需要翻转1次就成功了，当然你也可以翻转3次、5次、7次……对1张扑克牌来说，翻转奇数次，就能将它反一个面；同样的道理，如果你把这张牌翻转偶数次，那它就会恢复原状。

游戏揭秘

根据提示我们知道，能否翻转成功与数字的奇偶性相关。要使 7 张扑克牌全朝下，必须经过 7 个奇数之和次“翻转”，即“翻转”的总次数为奇数。

比如，如果第一张牌翻 3 次，第二张牌翻 5 次，第三张牌翻 1 次，第四张牌翻 3 次，第五张牌翻 9 次，第六张牌翻 11 次，第七张牌翻 7 次；将这些次数加起来：3 + 5+1+3+9+11+7，不用算出结果，看一眼就知道，7 个奇数相加的和依然是一个奇数。

但是按规则，每次翻转 4 张扑克牌，无论经过多少次“翻转”，翻转的总次数只能是：4 × 次数，任何一个数乘偶数，结果一定是偶数。

任何一个奇数不可能同时又是偶数，所以无论经过多少次“翻转”，你的小伙伴都不可能赢得游戏的胜利。

如果小伙伴提出和你交换角色，没问题，你想赢的话，规则要稍微改一下：把要求改成“7 张扑克牌正面朝上，每次翻转 5 张”，你最少只需要翻 3 次就可以将它们全部翻转过来。

有 a 张扑克牌正面朝上放在桌上，每次翻转 b 张，最后全部变成反面朝上，你能做到吗？

根据 a 和 b 的奇偶性列出表格，答案一目了然！

拓展

	a 为偶数	a 为奇数
b 为偶数	能	不能
b 为奇数	能	能

找奇数和偶数

扑克牌上的数字有奇数也有偶数，把这些数字加起来，到底是奇数多还是偶数多？结果可能让你大吃一惊！

用两种花色 A ~ 10 共 20 张扑克牌来玩游戏。将扑克牌洗乱后，背面朝上放置在桌面，你和小伙伴每次分别从一种花色的牌中抽出一张牌，每次抽完后将剩下的牌重新洗乱后再抽下一轮。如果两次抽的牌牌面数字之和为奇数，则你获胜；数字之和为偶数，你的小伙伴获胜。

小提示

要掌握奇数和偶数的加法规律，也就是，奇数 + 奇数 = 偶数，偶数 + 偶数 = 偶数，奇数 + 偶数 = 奇数。

游戏揭秘

每一次抽牌，我们都能抽到红桃 A ~ 10 中的任意一张牌（两张牌不可能相同），比如抽到 1 和 9，和是 10，偶数；抽到 3 和 4，和是 7，奇数。为了分析这个游戏，我们必须要知道抽出的两张牌所有可能的组合，还是用表格来表示。

游戏中可能出现的所有结果

	1	2	3	4	5	6	7	8	9	10	求和总结 奇偶分析
1	–	3	4	5	6	7	8	9	10	11	5 个奇数 4 个偶数
2	3	–	5	6	7	8	9	10	11	12	5 个奇数 4 个偶数
3	4	5	–	7	8	9	10	11	12	13	5 个奇数 4 个偶数
4	5	6	7	–	9	10	11	12	13	14	5 个奇数 4 个偶数

游戏中可能出现的所有结果

	1	2	3	4	5	6	7	8	9	10	求和总结 奇偶分析
5	6	7	8	9	–	11	12	13	14	15	5 个奇数 4 个偶数
6	7	8	9	10	11	–	13	14	15	16	5 个奇数 4 个偶数
7	8	9	10	11	12	13	–	15	16	17	5 个奇数 4 个偶数
8	9	10	11	12	13	14	15	–	17	18	5 个奇数 4 个偶数
9	10	11	12	13	14	15	16	17	–	19	5 个奇数 4 个偶数
10	11	12	13	14	15	16	17	18	19	–	5 个奇数 4 个偶数

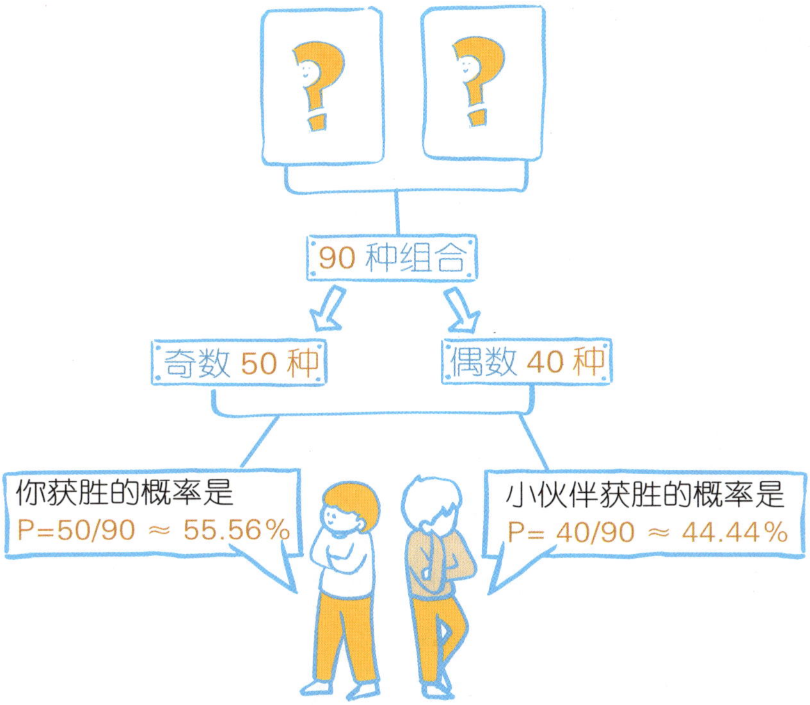

由表格可得，抽出的两张扑克牌一共有 90 种可能的组合，其中，和为奇数的可能性是 50 种，和为偶数的可能性是 40 种。

因此你获胜的概率：

P=50/90 ≈ 55.56%

你的小伙伴获胜的概率：

P= 40/90 ≈ 44.44%

也就是说，你获胜的概率比对方获胜的概率大许多。如果你和小伙伴重复玩这个游戏超过 10 次，你就会发现，你基本上立于不败之地！

C 初识统计概率与分数

比点数

我们熟悉的绝大多数扑克游戏，比如斗地主、拖拉机等，本质上都是概率游戏。将扑克牌洗均匀之后再抽取，从你抽牌的那一瞬间开始，概率就发生了。

在 52 张扑克牌中找出红桃 A ~ 10，再把这 10 张牌按照奇数、偶数分开。你拿到 5 张偶数牌：2，4，6，8，10，你的小伙伴拿到 5 张奇数牌：A，3，5，7，9。你们俩将牌都反面朝上，再把自己的牌洗乱，然后你们同时从这 5 张牌里抽出一张，比谁的牌点数大，谁就获胜。

小提示

这 5 张牌彻底打乱重洗了，因此你们从 5 张牌里抽出任意一张的概率都是 1/5。

游戏揭秘

看起来这个游戏非常公平，实际上怎么样呢？让我们仔细分析：

你抽到2，对方可能抽到A、3、5、7、9，2比1大，比3、5、7、9小，你的获胜方式有1种，失败方式4种；

你抽到4，对方可能抽到A、3、5、7、9，你的获胜方式有2种，失败方式有3种；

你抽到6，对方可能抽到A、3、5、7、9，你的获胜方式有3种，失败方式有2种；

你抽到8，对方可能抽到A、3、5、7、9，你的获胜方式有4种，失败方式有1种；

你抽到10，对方可能抽到A、3、5、7、9，你的获胜方式有5种，失败方式有0种。

列成表格看起来更加清晰：

你获胜的可能性						
你 \ 对方	2	4	6	8	10	结果
1	赢	赢	赢	赢	赢	你的获胜方式：5 你的失败方式：0
3	输	赢	赢	赢	赢	你的获胜方式：4 你的失败方式：1
5	输	输	赢	赢	赢	你的获胜方式：3 你的失败方式：2
7	输	输	输	赢	赢	你的获胜方式：2 你的失败方式：3
9	输	输	输	输	赢	你的获胜方式：1 你的失败方式：4

根据表格数据得出：

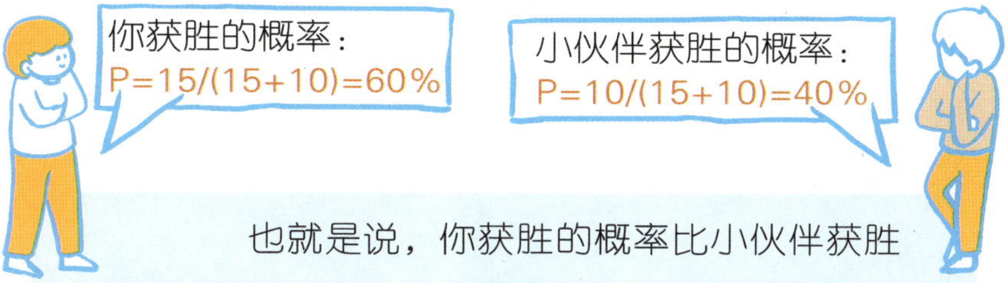

也就是说，你获胜的概率比小伙伴获胜的概率大许多，这并不是一个公平的游戏。

列表法是研究概率问题的重要工具，许许多多复杂的问题通过列表都可以迎刃而解。